古代美術史研究

四　編

第 **7** 冊

寶髻釵橫墜鬢斜
——唐代婦女髮飾初探

黃 金 燕 著

花木蘭文化事業有限公司

國家圖書館出版品預行編目資料

寶髻釵橫墜鬢斜──唐代婦女髮飾初探／黃金燕 著 ─ 初版
─ 新北市：花木蘭文化事業有限公司，2019〔民 108〕
目 8+186 面；19×26 公分
（古代美術史研究 四編；第 7 冊）
ISBN 978-986-485-766-1（精裝）
1. 髮飾 2. 文化研究 3. 唐代
618   108001564

ISBN-978-986-485-766-1

古代美術史研究
四 編 第 七 冊   ISBN：978-986-485-766-1

寶髻釵橫墜鬢斜──唐代婦女髮飾初探

著　　者　黃金燕
總 編 輯　杜潔祥
副總編輯　楊嘉樂
編　　輯　許郁翎、王筑　美術編輯　陳逸婷
出　　版　花木蘭文化事業有限公司
發 行 人　高小娟
聯絡地址　235 新北市中和區中安街七二號十三樓
　　　　　電話：02-2923-1455／傳眞：02-2923-1452
網　　址　http://www.huamulan.tw 信箱 hml810518@gmail.com
印　　刷　普羅文化出版廣告事業
初　　版　2019 年 3 月
全書字數　121136 字
定　　價　四編 23 冊（精裝）台幣 66,000 元

寶髻釵橫墜鬢斜
——唐代婦女髮飾初探

黃金燕 著

作者簡介

黃金燕，臺中市南屯人，1970 年生，國立中興大學歷史學碩士，現任職國立臺中科技大學。研究領域為中國前唐時期文化史、隋唐社會生活史等。

提　　要

　　唐代是中國封建社會的特殊時代，經濟空前繁榮，思想空前活躍，而且婦女的地位也得到了空前的提高。與其他時代，尤其是明清封建下的婦女相比，她們的社會地位不再那麼卑賤，她們所受到的封建禮教束縛和壓迫要少一些，還有著較多的自由。女性的妝扮往往是社會風貌的縮影，女性的化妝行為，是當時社會文化的一環，與社會風俗有著密切連動關係，而風俗蘊含民族長期形成的社會風尚和人民的習慣。唐代因外來文明與唐文化互相消融，女性身處胡漢交融的相對開放風氣中，有些宦門貴婦直接參與經濟活動，女性的觸角逐漸深入社會，在社交活動需求下，女性除了因應各種場合梳妝打扮外，在男權社會中女性所扮演的角色，與自身所處的社會階級認同，是唐代仕女勇於展現美貌與競逐流行妝樣的催化劑。唐代仕女爭奇鬥艷的風氣，也形塑唐代仕女特殊髮式頭飾的發展。本文系統梳理了各時期女子髮式、髮飾的歷史演變，然後，進一步分析如何從外來文化等方面使得唐代婦女妝飾產生深刻的變化，進而分析此背景下唐代女性審美、心理及社會地位的重大變化。

目次

表　次

圖　次

第一章 緒 論

　　取代了五胡十六國、魏、齊、周以及隋進而統一天下的唐王朝，與鮮卑族有密切的血緣關係，因此對於少數民族態度比較寬容，並且在南北朝和隋朝以後，大規模民族遷徙在唐代再一次出現，或因被迫內遷，或尋求保護，或因仰慕唐代先進的經濟文化生活。例如貞觀四年（630 年），唐打敗東突厥以後，有 15 萬突厥人南下歸附，其中入居長安的就有近萬家。

　　世界各國君主、使節、商人、僧侶、留學生的大量入境和各少數民族的大量內遷，必然帶來他們飲食起居、衣冠服飾、宗教信仰乃至風俗習慣等方面的巨大影響。唐代統治者對於這些遠方特殊風俗基本上是採取兼容並蓄的態度，讓他們各從其俗。於是唐代疆域之內，胡〔註 1〕人幾乎隨處可見，特別是在比較大的城市和西北、東南地區，常有大批西域人士長期居留。胡漢交錯混合之下，胡人一切都受到矚目，唐人以新奇甚至羨慕的眼光看待關於胡人的服飾器用、風俗習慣等等，胡人成為唐代社會關注的一大熱點。關注的結果是最終唐代人開始學習他們眼中看到的關於胡人的許許多多方面。「當時，人們慕胡俗、施胡裝、著胡服、用胡器、進胡食、好胡樂、喜胡舞、迷胡戰，胡風流行朝野，彌漫天下。」〔註 2〕此時無論女子頭飾還是面飾，都異

〔註 1〕唐代史籍中對漢族以外的人們多籠統稱作「胡」，如胡人、胡兒、胡兵、胡賈、胡僧、胡客等等，不一而足。這是一種很含糊的稱謂，它既包含了生活在中國之外的幾乎所有的外國人；也包括了生活在中國之內，與唐代從屬關係不確定，或屬於不同政權的中國周邊地區的民族；在很多情況下，還指稱生活在唐境內，已經歸屬唐代，但人種與漢族不同的各民族的人群；甚至有時還指前代就已移居唐代境內，已經完全漢化的非漢族人群。

〔註 2〕尚剛，《唐代工藝美術史》，浙江文藝出版社，1988 年，頁 4。

彩紛呈、造型各異，是女子妝飾史上一個輝煌的時代。頭飾和面飾中，胡風影響頗爲顯著。

女性的妝扮往往是社會風貌的縮影，女性的化妝行爲，是當時社會文化的一環，與社會風俗有著密切連動關係，而風俗蘊含民族長期形成的社會風尚和人民的習慣。〔註3〕唐代因外來文明與唐文化互相消融，女性身處胡漢交融的相對開放風氣中，有些宦門貴婦直接參與經濟活動，女性的觸角逐漸深入社會，在社交活動需求下，女性除了因應各種場合梳妝打扮外，在男權社會中女性所扮演的角色，與自身所處的社會階級認同，是唐代仕女勇於展現美貌與競逐流行妝樣的催化劑。盛唐之際，貴族好穿胡服戴胡帽，有些婦女也穿胡服騎馬靚粧露面，甚至有女扮男裝來進行社交活動，唐代仕女爭奇鬥豔的風氣，也形塑唐代仕女特殊髮式頭飾的發展。

如唐詩裡有「紗窗暖，畫屏閑，鬖雲鬟」〔註4〕的少女，紗窗下畫屏前，她垂下雲一樣的髮鬟，僅僅這一個姿態，就已經宛然如畫。唐代元稹撰〈鶯鶯傳〉裡鶯鶯是多情少女，和戀人張生初見時，是「垂鬟接黛，雙臉銷紅」〔註5〕，把黑髮梳成雙環，垂到黛眉上。當她和愛人相會，便是把髮絲拋灑在床上枕畔，「髮亂綠蔥蔥」〔註6〕了。

一、研究動機

髮式是人類重要的裝飾形式，不同的民族有不同的造型。在古代中國由於地區廣大、民族眾多，各民族間的髮式種類多采多姿；並且成爲區分民族

〔註3〕吳玉貴，《中國風俗通史·隋唐五代卷》，上海：上海文藝出版社，2001 年，〈序〉頁 2。

〔註4〕和凝，《全唐詩》卷八百九十三〈春光好〉。整首詩爲「紗窗暖，畫屏閑，鬖雲鬟。睡起四肢無力，半春間。」和凝（898 年～955 年），五代詞人，字成績，鄆州須昌（今山東東平東須城鎮）人。喜愛文學，長於短歌艷曲，流傳汴洛，作品浮艷。詩有《宮詞》百首，多爲粉飾太平之作。劉毓盤輯其詩 29 首，編爲《紅葉稿》一卷。著有《疑獄集》兩卷（951 年），其子和（山蒙）又增訂兩卷，合成四卷。

〔註5〕（宋）李昉，《太平廣記》卷第四百八十八，https://zh.wikisource.org/wiki/%E5%A4%AA%E5%B9%B3%E5%BB%A3%E8%A8%98/%E5%8D%B7%E7%AC%AC488，2018.06.16。

〔註6〕（唐）元稹，《鶯鶯傳》，https://zh.wikisource.org/wiki/%E8%8E%BA%E8%8E%BA%E4%BC%A0，2018.06.16。

的重要標誌之一。〔註7〕以唐為例，髮型的演變說明了歷史文化的變遷。隨著朝代的嬗替，生產技術、文物制度的發展，髮式有不同的造型，各有其時代的風尚，刻畫出當代人的思潮、生活方式。

女性的妝扮往往是社會風貌的縮影，與社會風俗有著密切連動關係，而風俗蘊含民族長期形成的社會風尚和人民的習慣。風俗如同鑑鏡，映照出國家、民族或地區各個歷史時期的社會風貌。中國移民潮流起伏，尤以魏晉南北朝諸政權分裂割據，各民族遷徙最為頻繁〔註8〕，關中地區甚至幾近一半人是內遷於此的少數民族，北魏與北周後大多融入漢族〔註9〕，加速胡族漢化的過程。發現到漢人髮式越趨多樣化，包含它的樣式、名稱、顏色都各式各樣，有其獨特性的風采。該時期的男女髮式不僅在量上比秦漢時期多，在質上也出現許多不同以往束髮戴冠的髮型。男子甚而有披髮者，如竹林七賢；女子則服飾越行華麗，髮型風格多變，有盤桓髻、芙蓉髻、凌雲髻等。如此的轉變也反映在髮飾上。

唐代統一後對外關係發展，與唐廷來往過的國家或地區達到三百多國，雖屢次征伐外族，迨異族降服，採羈縻政策明示懷柔政治態度，視之一國不加猜防，如唐太宗所云「自古皆貴中華，見夷狄，朕獨愛之如一，其種落皆依朕如父母。」〔註10〕表現出海納百川的時代精神，與其他朝代迥然不同。貞觀四年李靖破東突厥，其諸酋長官拜五品以上有一百多人，突厥人入居長安近一萬家。〔註11〕又因通商、入唐留學生眾多，唐時期旅居長安的異鄉人及各地外國人漸多，唐代文化受外族傳入的胡族習俗影響甚深，表現在社會文化上有胡人漢化，亦有漢人胡化。

所以中國女性的妝飾以唐代的格調最美，理想最高，不僅是集大成的時代，甚至影響近鄰的日本。因此，唐代婦女的妝飾可說是中國歷代以來最異彩繽紛且令人驚豔的。傅樂成先生在〈唐型文化與宋型文化〉中論述到，「唐代文化，上承魏晉南北朝。魏晉南北朝時代的文化對唐代文化直接發生影響

〔註7〕（清）桂文燦，《論語集註述要》，臺北：力行書局，民62年，頁310。

〔註8〕葛劍雄，《中國移民史》，臺北：五南書局，2005年，頁44。

〔註9〕韓香，〈魏晉南北朝時期陝西少數民族分布與姓氏〉，《陝西歷史博物館館刊》第四輯，中國：西安，1997年6月，頁169。

〔註10〕（宋）司馬光，《資治通鑑》卷一九八〈唐紀十四〉，臺北：西南書局，1982年，頁6247。

〔註11〕王壽南，《隋唐史》，臺北：三民書局，1986年，頁181。

的重要因素，不外三端：即老莊思想、佛教和胡人習俗。」〔註12〕其中後兩
種因素便來自於外族傳入，而且是經歷數百年的流播而形成的。另外，由於
與西域諸國交流頻繁，本身採取開放融通的態度，使得唐代的文化藝術達到
輝煌燦爛的多彩境界。另外從唐代婦女的妝飾文化多變中，更可讓人直接了
解當代的文化的多元性及特定人群的精神風貌，與其他朝代相較下更顯得格
外與眾不同。據段成式《髻鬟品》、王叡《炙轂子》、宇文氏《妝臺記》及《新
唐書·五行志》等書記載，婦女的髮飾半翻髻、反綰髻、回鶻髻、高髻、烏蠻
髻、雙環望仙髻及各種垂髻等。髮鬟之上，又用各種金玉簪釵、犀角梳篦等
作爲裝飾。這些髮髻的樣式，大致上可從現存的陶俑、壁畫、石雕、石刻及
傳世的古畫中找到實例。

髮式與髮飾由上古至兩漢、魏晉南北朝、隋唐的發展，可以得知兩個方
向：一是髮式、髮飾反映了歷史文化，可以看到歷史背景。一是髮式、髮飾
延續前代制度，如社會禮俗等；另外，也有所創新，在樣式或類別上有增減，
有不同的名目和意義。從人類審美的角度來說，髮式、髮飾的變化，也凸顯
其時代性〔註13〕。換言之，將髮式、髮飾置於歷史脈絡中，可以發現它們不
僅和當代的文物制度相連，也表現出其自身的沿革、創新。

本研究擬以婦女的髮式及裝飾頭髮的飾品爲主，並以唐代婦女爲主要的
研究對象，關注外來文化對婦女整體造型的審美觀，及心理、社會地位產生
的深刻影響。在求新求變的趨勢下，不僅是在髮髻的變化上日新月異，清楚
地顯示出當代的創意與開放，其所表現的碩大、豐盈、亮麗與豪放之美，更
是其他朝代婦女所無法取代的。本研究將從這方面切入，探討髮式、髮飾和
當代生活方式的關聯，並且分析髮式、髮飾的意義，以及其如何形成、傳播
的因素。

〔註12〕 傅樂成，《漢唐史論集·唐型文化與宋型文化》，臺北：聯經出版事業公司，
　　　　1977 年，頁 9。
〔註13〕 韓養民，《秦漢文化史》，臺北：里仁書局，民 75 年，頁 126。另參見黃集偉，
　　　　《審美社會學》，臺北：五南出版社，民 82 年，頁 34～37 年。以社會學來說，
　　　　「審美」其實跟人類的生活方式與社會制度、風土人情息息相關。人類審美
　　　　歷史的變遷，完全被規矩在人類社會的變遷之中。如紋身、服飾、髮型等背
　　　　後都有某族群所形成的文化背景，這不單是個人的好惡造成，也需考慮社會
　　　　文化等因素。而這樣的變化，從心理學方面來說，其肯定人類有審美的需求。

二、前人研究與文獻運用

　　髮式、髮飾各個朝代不盡相同，而中國習俗或服裝史的書籍，於此方面均有相當豐富的資料。除了以圖文並茂的方式介紹髮式、髮飾的樣式、名稱外，多數的論著也會談到當代歷史環境與髮式、髮飾的關聯。特別是禮制對服飾的影響，自西周將宗法制度與社會等級關係、政治秩序連結一起，以父子關係看待君王與人民之後，國與家便建立在天和血緣親子的關係上。而服飾即是用區分上下尊卑貴賤，表明身分地位等級。〔註 14〕這點為後代朝服冠冕制度所延續，並且用意上都是用來分別異己。〔註 15〕髮式也有此功能，編髮的方式、髮辮坐落的位置和方向、造型都有其對應的對象，甚至髮式也是民族的識別證之一，不同的民族有不同的髮式。

　　研究古代婦女的髮型變化，可以從不同的面向著手，史料可分為二種，一種是具有實際形象的圖畫、雕像；另一種為不具實像的文字。前者包含有傳世繪畫或塑像，更多為古墓挖出來的各種壁畫、陪葬人俑、器物等考古文物；後者則是留傳至今的史籍、詩詞等文字資料。近數十年來，相關唐代問題討論與研究之論著不勝枚舉，本文在寫作過程中，採擇正史為史料，輔以耙梳文史資料、擷取社會風俗及文化，參考一定數量的學術界相關研究成果，以傳世繪畫圖像及考古出土文物具體形象作參照比對。本文的研究方式大致上分為三類資料探討：

（一）傳統文獻

　　文字上的史料可分為具有說明內容之史籍，以及文人雅士所寫的詩詞歌賦，就史料而言，《舊唐書》〔註 16〕與《新唐書》〔註 17〕之〈后妃列傳〉、〈禮儀志〉、〈禮樂志〉、〈車服志〉、〈輿服志〉等，對於后妃命婦妝扮、社會發展等都有文字記載。不過，正史中文字的記錄，尚不能完全拼湊出髮式、髮飾的風貌，除正史以外的野史、筆記、詩文等能作為側面佐證。

〔註 14〕　蔡子諤，《中國服飾美學史》，河北美術出版社，2001 年 10 月，頁 144～147。
〔註 15〕　周汛、高春明，《中國古代服飾風俗》，臺北：文津出版社，1988 年 12 月，頁 3～4。朱和平，《中國服飾史稿》，中州古籍出版社，2001 年 7 月，頁 166～170。
〔註 16〕　（後晉）劉昫，《舊唐書》，臺北：鼎文書局，1981 年。
〔註 17〕　（宋）歐陽修等，《新唐書》，臺北：鼎文書局，1981 年。

其中載有與唐代髮式妝飾有關的文字資料，重要的古籍有《太平御覽》〔註18〕、《古今注》〔註19〕、《中華古今注》〔註20〕、《全唐詩》〔註21〕、《花間集》〔註22〕、《酉陽雜俎》〔註23〕、《妝樓記》〔註24〕、《唐人傳奇小說》〔註25〕、《唐會要》〔註26〕、《唐語林》〔註27〕、《釵小志》〔註28〕、《妝臺記》〔註29〕、《髻鬟品》〔註30〕、《朝野僉載》〔註31〕等，其可針對其中部分相關之資料，做進一步之印證。不過，其中有些書籍資料真實性有待商榷，尤其筆記小說及雜錄雖反映社會背景，作為研究側面佐證，本文在引用此等資料時，也再與正史互相對照，避免失之偏頗，作為本文一個解讀流行文化的側面參考。

另外，婦女妝飾常為文人雅士吟詠創作詩詞的對象，因此可以自唐代詩詞中看到許多詠嘆婦女髮型的詩詞。如岑參〈敦煌太守後庭歌〉中描述「美人紅妝色正鮮，側垂高髻金鈿。」〔註32〕便鮮活的勾勒出唐代美人形象。然而，詩詞雖為研究唐代婦女髮型不錯的史料，不過正如段莉芬所提修辭學上的問題「詩人作詞有格律上的需求，未必會對所描述對象做精確的畫分，並且在詞意上常有擴大的現象，甚至有使用以部分代表全體的修辭技巧。」〔註33〕，因此詩詞在史學研究上究竟有多大的佐證使用，也是得深思的課題。無論是

〔註18〕（宋）李昉，《太平御覽》，臺南：平平出版社，1975年。

〔註19〕（晉）崔豹，《古今注》，原刻景印百部叢書集成畿輔叢書第四函，臺北：藝文印書館，1966年。

〔註20〕（五代）馬縞，《中華古今注》，原刻景印百部叢書集成百川學海類編第一函，臺北：藝文印書館，1966年。

〔註21〕（清）聖祖御定，《全唐書》點校本，臺北：宏業書局，1977年。

〔註22〕（後蜀）趙崇祚，《宋本花間集》，臺北：藝文印書館，1960年。

〔註23〕（唐）段成氏，《酉陽雜俎》，臺北：漢京文化事業有限公司，1983年。

〔註24〕（唐）張泌，《妝樓記》，臺北：藝文印書館，1968年。

〔註25〕楊家駱主編，《唐人傳奇小說》，臺北：世界書局，1974年。

〔註26〕（宋）王溥，王雲五主編，《唐會要》，臺北：臺灣商務印書館，出版年不詳。

〔註27〕（宋）王讜，《唐語林》，臺北：世界書局，1963年。

〔註28〕（唐）朱揆，《筆記小說大觀·釵小志》，臺北：新興書局，1974年。

〔註29〕（唐）宇文氏，《筆記小說大觀·妝臺記》，臺北：新興書局，1974年。

〔註30〕（唐）段柯古，《筆記小說大觀·髻鬟品》，臺北：新興書局，1974年。

〔註31〕（唐）張鷟撰，趙守儼點校，《朝野僉載》，北京：中華書局，2005年。

〔註32〕（唐）岑參撰，陳鐵民、侯忠義輯，《岑參集校注·敦煌太守後庭歌》，臺北：漢京文化事業公司，1985年，頁77。

〔註33〕段莉芬，〈《花間集》中婦女的頭面裝飾及其在修辭上的效果〉，《建國學報》第12期，1996年6月，頁21。

壁畫、人俑、繪畫或是詩詞，對於唐代婦女妝飾之研究，都有其侷限性，因此需將其資料相互為用，從文獻資料中尋找形象的解釋，又用所見之形象來求證文獻記載之正確與否。

（二）畫作實物與遺跡

古代畫工繪畫仕女圖，著重形貌描摹，也注重妝飾樣貌的呈現，《續畫品》載有「寫貌人物……麗服靚粧隨時變改，直眉曲鬢與世事新。」〔註34〕又《歷史名畫記》載「佳麗伎樂圖……人物有態度，衣裳潤滑……大髻寬衣，亦當時所尚。」〔註35〕以上資料顯示古人在畫女性人物形貌，也將當時流行形貌，也將當時流行妝飾服儀納入描摹重點。因此，唐墓壁畫與傳世畫作的人物形象，不僅反映當時社會生活的側面，也從畫中人物造型風格，窺視出唐代各時期審美風潮流變。在傳世的繪畫中，較具參考價值的仕女畫當推東晉的顧愷之，唐代的周昉、張萱、閻立本等的作品。北京文物出版社集大陸學界及各博物館考古研究者成立中國美術全集編輯委員，出版一系列《中國美術全集》〔註36〕，本文採擇其部分傳世畫作、壁畫及實物作為研究佐證。

考古文物的範圍大致包含歷年出土的唐墓壁畫、陪葬人俑等，以及傳世的繪畫等實像資料。唐代墓葬中，最重要的有各地的帝陵和皇親國戚大臣等的陵寢，以及新疆阿斯塔那村的古墓群。在我國古代歷史發展過程中，唐代在政治、經濟、文化和對外交流等方面的綜合實力達到了一個鼎盛階段。經濟的發達，使得唐代興起厚葬之風，皇親國戚和達官顯貴大興土木，營建多天井的高大墳塚，其中所繪製的大量彩繪壁畫，展現死者的身份地位、仕宦經歷和奢華的生活場景。〔註37〕大唐墓葬壁畫，對我們展現了一幅幅當時社會生活的歷史畫卷，也讓我們可從中了解唐代婦女髮髻的發展及變化。陝西旅遊出版社所出版的《大唐壁畫》〔註38〕及陝西省考古研究所的《陝西新出土唐墓壁畫》〔註39〕兩書中有精彩之收錄，其豐富的圖片內容為本文提供了

〔註34〕　（陳）姚最，《續畫品·謝赫》，原刻景印百部叢書集成津逮秘書第三函，臺北：藝文印文書館，1968年，頁4。

〔註35〕　（唐）張彥遠，《歷代名畫記》，原刻景印百部叢書集成學津討原第十六函，臺北：藝文印書館，1968年，頁13。

〔註36〕　中國美術全集編委會，《中國美術全集繪畫編》第2集《隋唐五代》，北京：文物出版社，1989年。

〔註37〕　董新林，《幽冥色彩》，四川人民出版社，2004年，頁58。

〔註38〕　李國珍，《大唐壁畫》，陝西旅遊出版社，1996年。

〔註39〕　陝西省考古研究所，《陝西新出土唐墓壁畫》，重慶：重慶出版社，1998年。

極多甚具參考的資料。另外，墓葬物品中另一重要文物爲陪葬陶俑，唐俑所展現出的各種衣飾、髮式反映的正是唐代當時的人物形象。

（三）前人研究成果

1. 近人著作

愛美是人的天性，進入文明時代以來，人們無不講求妝飾，尤以女性爲最，古今中外概無二致。畫冊將學術性、知識性、藝術性和實用性熔於一爐，有助於形象地了解中國古代各時期婦女的生活風貌，有助於認識中華民族文化的優秀傳統，有助於當今審美實踐和文化生活的借鑑；同時，也爲中國歷史研究、古籍整理、文物鑒定、文學及工藝美術的創作提供了一份寶貴的參考資料。

關於婦女妝飾爲主題論述，如《中國歷代婦女妝飾》〔註40〕、《中國服飾名物考》〔註41〕、《雲想衣裳·中國服飾的考古文物研究》〔註42〕、《中國頭飾文化》〔註43〕、《中華梳篦六千年》〔註44〕、《服飾中華·上卷（夏商周——隋唐五代之卷）》〔註45〕等書及孫機先生〈步搖、步搖冠與搖葉飾片〉〔註46〕一文中，以圖像爲主結合文獻進行比較探索綜合分析，深化於物質文化，提供參考價值。至於其它單篇林林總總期刊論文，爲數甚多，不勝列舉。

2. 學位論文

前人研究成果裡，對於本文皆提供了許多寶貴的資料。對婦女妝飾形象論述較多的學位論文，如黃士純〈唐代繪畫中婦女造型與審美之研究〉〔註47〕以繪畫造型視角探討婦女妝飾形象，以審美角度切入婦女妝飾文化，提供唐代審美風潮流變的參考。李少萍〈唐代婦女妝飾考〉〔註48〕論述內容廣泛，

〔註40〕 周汛、高春明，《中國歷代婦女妝飾》，臺北：南天書局有限公司，1988 年。
〔註41〕 高春明，《中國服飾名物考》，上海：上海文化出版社，2001 年 9 月。
〔註42〕 趙超，《雲想衣裳·中國服飾的考古文物研究》，四川人民出版社，2004 年 1 月。
〔註43〕 管彥波，《中國頭飾文化》，內蒙古大學出版社，2006 年 2 月。
〔註44〕 楊晶，《中華梳篦六千年》，紫禁城出版社，2007 年 8 月。
〔註45〕 黃能福、陳娟娟、黃鋼，《服飾中華·上卷（夏商周——隋唐五代之卷）》，新北市：楓樹林出版事業有限公司，2018 年 2 月。
〔註46〕 孫機，《仰觀集：古文物的欣賞與鑒別·步搖、步搖冠與搖葉飾片》，文物出版社，2012 年 6 月。
〔註47〕 黃士純，〈唐代繪畫中婦女造型與審美之研究〉，臺北：臺灣師範大學美術系研究所碩士論文，2007 年。
〔註48〕 李少萍，〈唐代婦女妝飾考〉，臺北：中國文化大學史學研究所碩士論文，2003 年。

涵蓋髮妝飾品，圖片豐富值得參酌。游麗雲〈唐代仕女妝容文化探微〉〔註49〕以唐代上層社會的女性為探討對象，加入社會心理的視角，探討唐代仕女爭奇鬥豔妝容風氣形成的歷程、妝容式樣的視學訊息傳播及個體接受流行妝容之差異，一窺唐代仕女化妝所呈現出之物質文化面貌。游琁安〈唐詩婦女頭面妝飾研究〉〔註50〕一文，研究內容涵蓋甚廣，包含髮妝飾品與面妝，內容以妝飾式樣歸納，但分類較為籠統，也是本文可以再深入探討的部分。楊雅琪〈從《全唐詩》看唐代婦女服飾〉〔註51〕其研究重點從唐詩中分析唐代婦女之特點，但因著重於服飾部分，可參考的資料便相對減少。

　　在諸位前人的研究中，提供本研究許多寶貴的資料，其範圍包含了詩作、文獻、史料等等，使本文能更真切地深入了解唐代各階層婦女之生活層面，進而做進一步的探討及研究。

三、研究範圍

　　歷史研究中，能讓人們更為貼近歷史理解的單位，既不是民族也不是時代，而是社會〔註52〕。本文以唐代仕女妝飾文化為主題，是社會文化一環，個體妝飾行為也受當代社會情境的影響，因此研究範圍部分涉及社會心理層面。本文雖以髮式、髮飾為探討主，不過，仕女妝飾文化是在歷史時序中，不斷進行承續累積形成風格，因此，本文範圍不局限於唐代的仕女妝飾文化，會述及唐以前的仕女時尚流行風貌，部分也會論及唐代妝飾對後世五代妝飾文化的影響。

四、研究方法與架構

（一）研究方法

　　髮式、髮飾的意義反映了社會文化、歷史環境。然而髮式、髮飾的選擇

〔註49〕　游麗雲，〈唐代仕女妝容文化探微〉，臺中：中興大學歷史學研究所碩士論文，2013年。
〔註50〕　游琁安，〈唐詩婦女頭面妝飾研究〉，臺北：玄奘大學中國語文研究所碩士論文，2004年。
〔註51〕　楊雅琪，〈從《全唐詩》看唐代婦女服飾〉，臺北：臺灣師範大學歷史學研究所碩士論文，2006年。
〔註52〕　（英）阿諾德‧湯恩比（Arnold Toynbee），陳曉林譯，《歷史研究》，臺北：桂冠圖書，1978年，頁45。

則關係到個體的主觀判斷，其如何看待或如何受到社會文化、歷史環境的影響。甚至古人對身體結構的認知、知識，也會影響到其對髮式、髮飾的態度。本文將著重探討唐代時人對髮式、髮飾的價值觀、思想，其如何展現髮式、髮飾，及其背後的目的、與社會文化和歷史環境的關聯性，並就其主觀判斷、經驗如何與外在環境交互作用、當中的作用力、傳播方式和管道的關係做一整體性的論述。

文獻除非對它作解釋和研究，否則這些史料不具意義〔註 53〕。英國史學研究者巴勒克拉夫認為從大量的非常事件和人物的史料裡，找到表明歷史一般狀態的證據，按照新問題的需要重新編排史料，以期得到新結論〔註 54〕。這樣的論點與目前新史學的概念是相符合的，面對中國傳統古籍運用新概念、提出新問題、尋找自己需要的史料之過程是相同的。〔註 55〕

1. 歷史研究法

本文主要採用歷史研究法，來論述唐代婦女妝飾文化研究，除應用社心理學探討婦女妝飾行為如何受到社會情境影響，梳理唐代婦女妝飾的具體形貌，非僅止於耙梳文獻史料而已，還需一定程度運用圖像作佐證。

本文對於繪畫部分，如傳世繪畫、考古出土絹畫、屏風畫像、石窟壁畫與墓室壁畫等，作為梳理唐代婦女妝飾脈絡的廣義史料；墓室陪葬木俑、陶俑、泥俑與各式陪葬品，也作為妝飾具體形象之例證。不過，這些圖像作品與考古文物的背景，如作者、墓主身分及墓葬時代資料的參酌，進一步了解其時代背景。畢竟史料的呈現，會因撰寫者在時間與空間距離之主觀意識或政治壓力，對歷史事件淺點即止或含沙射影，欲擷取其中隱訊息，須從不同的角度分析，探討其因果關係，以呈現的結果作為研究的延伸與發展。

2. 詩文互證法

唐代歷史的記載及表述觀點所使用的工具形式，不必然僅限於正史記載，用詩歌的形式也能拼湊出歷史的一角。「詩文互證」是對社會文化的描述，也是人們對這種史實認知的途徑之一。歷代詩文是文人精練的語言，呈現出

〔註 53〕　（英）愛德華‧卡爾（Edward Hallett Carr），江政寬譯，《何謂歷史》，臺北：博屋書屋，2009 年，頁 110。

〔註 54〕　（英）杰弗里‧巴勒克拉夫（Barrachough, Geoffrey），楊豫譯，《當代史學主要趨勢》，北京：北京大學出版社，2006 年，頁 82。

〔註 55〕　胡志宏，《西方中國古代史研究導論‧漢學領域的社會史研究》，鄭州：大象出版社，2002 年，頁 173。

時代的社會現實面，在詩歌詞賦對社會現象提出記述和反思，其背後所蘊藏豐沛的社會習俗之隱訊息。這些描述社會場景也好，嘆詠婦女妝飾也罷，詩筆下的歷史無愧於史筆下的青史。詩詞裡陳述社會邊緣被遺忘的角落，「正史」中更不會有記錄，可以微觀也兼具應有的宏觀，可以視爲對歷史情況的記錄之一，詩文當視爲婦女生活另一種深化記錄，因此，詩文互證是本文研究唐代婦女妝飾文化的研究法選項之一。

3. 歸納方法

採擇史料以原始資料作爲核心，佐以間接資料來作引證的需要，並考慮其客觀性，在歸納時得到的通則或結論，採取肯定但非武斷看法。唐代婦女流行妝飾之發展，由文化、社會與個體三系統的交互作用形塑而成，其背後隱含之因素複雜，太過絕對之論定，有失偏頗；因此，透過墓室隨葬迄今已出土之考古文物，蒐集相關資料，加以分析並作合理解釋。以唐代婦女妝飾造型爲例，唐代部分卷軸畫跡已逸，及唐墓壁部分畫已殘，因此採擇例舉後代仿作繪畫，如〈簪花仕女圖〉〔註56〕採宋摹本、唐墓壁畫以原始《陝西新出土唐墓壁畫》加以說明，以期了解唐代婦女妝飾風格的形成和階段性的變化。並舉隅文史資料記載與繪畫圖像表現，從表現方式的差異中，歸納出發展的普遍性與共通性，從不同的視角來解釋婦女妝飾形象，以相互印證歸納出婦女妝飾式樣演變的歷程。

4. 比較方法

透過正史記載，可知唐代社會現象與政令，作爲婦女風俗一的妝飾文化，往往是不載於正史，須透過文學作品、唐人傳奇小說與詩詞的側寫，藉由文字的描摹與情感轉化，常能呈現出婦女的面部形貌、生活介紹、社會地位、社會發展與時代背景，作爲唐代婦女妝飾文化側面佐證。婦女在唐代審美思潮下發展而呈現的時代風格，透過墓誌紀年唐墓的墓室壁畫、出土女俑與髮飾發展作分析，從髮式與髮飾呈現風格，再與文史資料記載做對照，比較兩者的關連性，從中梳理出唐代婦女妝飾的階段性演變。

5. 綜合方法

討論唐代婦女妝飾文化主題，涉及的範圍廣泛，顧及到因果關係，不能僅限於本文描述，而須在探討前對研究主題作通盤了解。因此，借重他人研

〔註56〕中國美術全集編委會，《中國美術全集繪畫篇》第 2 集《隋唐五代》，頁 59 圖 23。

究成果作爲基礎，先做相關文獻的回顧，綜合前人的研究經驗，從不同領域的各類論述，探索對於相同事件的不同看法或對於現象通則的理解，嘗試從論文探討角度，將前人研究結果轉化成資料，並從文史資料搜尋，以不同視角探索研究主題。換言之，將史料採擇後，舊史料作新解釋，歸結出唐代婦女髮式、髮飾的通則變化與特殊性。

（二）研究架構

本研究主題訂爲〈寶髻釵橫墜鬢斜－唐代婦女髮飾與文創應用〉，其主標題「寶髻釵橫墜鬢斜」取自於《全唐五代詞·卷四·敦煌詞》的〈抛毬樂〉「寶髻釵橫墜鬢斜，殊容絕勝上陽家。」形容「貴重的髮釵橫簪在雲髻上，鬢髮斜垂的嬌柔模樣，要比皇宮中的美女們都要更勝一籌。」，內文又分爲五章討論，編排如下：

第一章緒論，介紹本文研究動機、回顧前人研究、研究方法與限制。

第二章爲頭飾的歷史流變。頭飾的起源既有來自於禦寒遮羞、裝飾悅目、勞動的因素，也有來自模仿與混同的誘因，有著廣泛的社會基礎和思維基礎。中國是世界上髮型、髮飾最豐富的國家，可惜它們有的已經湮沒在歷史的長河裡，我們也只有依各時期的流行趨勢溯流而上，用心去追求、去尋覓，才能把這些美麗重新恢復。

第三章爲從樸素到華麗的髮式。唐朝是中國傳統髮式發展的重要時期，無論是在此之前還是在此之後，中國封建社會的婦女都沒有過如此繁多的髮式，如此精緻的妝容。唐朝婦女的髮式，初唐時期還延續隋朝時的平而闊的樣式，也鮮有裝飾。此後，身份較高的貴族婦女，一改隋代婦女平雲式單純簡潔的髮式，而向上高聳，並且越來越高，有的竟高達一尺，如元微之在〈李娃行〉中寫道：「髻鬟峨峨高一尺，門前立地看春風。」〔註57〕至開元天寶年間，假髮義髻流行，髮髻就更加高聳蓬蓬鬆鬆，出現了峨髻等髮式。珠翠的裝飾也逐漸增加，從而呈現出十分華麗的景象。

第四章爲儀態萬千的頭飾。唐代女子髮飾繼承前代的各種簪、釵、步搖、布帛紮額、玉瓏璁等等，形式不斷翻新，數不勝數。到唐末，婦女在頭上戴

〔註57〕（清）彭定求、沈三曾、汪士紘、汪繹、俞梅、楊中訥、徐樹本、車鼎晉、潘從律、查嗣瑮輯，《全唐詩》卷四百二十三，https://zh.wikisource.org/wiki/%E5%85%A8%E5%94%90%E8%A9%A9/%E5%8D%B7423，2018.06.16。元稹〈句〉中，「髻鬟峨峨高一尺，門前立地看春風。」（〈李娃行〉，見許彥周《詩話》）。

的飾物越來越多，貴族婦女經常是珠翠滿頭。頭飾多使用金銀、珍珠、寶石、玳瑁、珊瑚、象牙、玉、骨角等珍貴材料製作。類型有梳子、篦子、簪、釵、步搖、搔頭、金銀寶鈿等。段成式有詩形容婦女的頭飾：「出意挑鬟一尺長，金爲鈿鳥簇釵梁。」〔註 58〕現在存留的唐代釵簪，確實在釵梁嵌上花鳥形狀的紋飾。

　　第五章爲結論。綜合前幾章討論並總結。

　　第六章附論：唐代婦女頭飾舉以文創產業的發想。當前世界各國無不竭盡全力發展文化創意產業，從西方的歐美各國，到東方的日本、中國、南韓、泰國、印度及臺灣，以至於南半球的澳洲、紐西蘭等國，都在政府引領下，積極結合企業與民間團體，期望能在新一波的全球賽局中，以文化競爭力取得致勝先機。本章討論唐代婦女髮式、髮飾應用在現今影視產業及文創商品等的趨勢，及對流行文化的影響。

五、研究限制與預期效果

（一）研究限制

　　唐代文化豐富多元，醉心於唐朝各種歷史研究之學者自然不在少數，雖然人物妝扮於史學研究的課題上較爲冷僻，不過在服飾方面的研究，卻是可以發現前人不少的成果，只是相對地在探討髮式、髮飾變化的研究卻通常只是順帶一提，實爲少數。雖然史學研究重視一手史料，但是在中古時代，記史者大多以男性爲主，因此，在紀錄的角度或秉持的價值判斷視角，主體上也以男性爲本位出發。這些古籍史料中，對於女性歷史，既缺乏有系統史料足以反映其生活風貌，又或帶有性別歧視且零碎的史料，使本文進行婦女妝飾文化探討時，雖然把梳正史、古籍文史資料，利用有限且分散的文史記載，試圖重組婦女妝飾習俗面貌，但是在考證資料部分倍感艱難，造成本文一定程度的限制。

　　本研究以唐代婦女爲對象，但歷史有其連貫性，文化藝術也會因地理因素，或互相滲透，或在時間上造成落差，因此要將婦女妝飾史在時空上作完

〔註 58〕　（清）彭定求、沈三曾、汪士紘、汪繹、俞梅、楊中訥、徐樹本、車鼎晉、潘從律、查嗣瑮輯，《全唐詩》卷五百八十四〈柔卿解籍戲呈飛卿〉，https://zh.wikisource.org/wiki/%E6%9F%94%E5%8D%BF%E8%A7%A3%E7%B1%8D%E6%88%B2%E5%91%88%E9%A3%9B%E5%8D%BF%E4%B8%89%E9%A696，2018.06.16。

全的劃分幾乎是不可能的事。唐代婦女樣式並非突然冒出於世間，無論是髮式或髮飾，固然也有唐人自己創作的，或受胡人影響而流行的，但更多是延續前人的餘緒，是前人的基礎加上時代元素，或模仿，或革新，或兩者並用，取得自己時代的特色。因此，研討唐代婦女妝飾，不可避免的會談及唐之前發展的種種，只是本文將焦點放在唐代。而在蒐集傳世史料及出土文物的過程中，亦仍喟嘆不足。在史料與文物同樣缺乏的情況下，本研究僅以能力所及加之適切運用，待後進研究者彙佐以新材料更新之。

（二）預期效果

本文擬將各種頭飾系統分類，而後以排比的方式研討各種妝飾，對少數資料足夠者提出個人見解，其他則並列不同的說法，以供有志於此之研究者進一步鑽研。方法上則將大量引用形象資料，因為婦女頭飾終究是一個形色問題，拜電腦科技發達所賜，可以更經濟有效的採用彩色圖片，此等資料將可有效協助研究者對各式繁複髮式與頭飾之認識與了解。

針對各式散落於古籍史料文物之相關頭飾，本研究亦進行相當程度的整理，並以列表佐以圖證，盡可能依照原貌重現唐代婦女妝點頂上風華之用心。另外亦從唐代甚具代表性的文學體制，擷取詩人作品中所描繪之社會現象與文化精髓，與史料研究相呼應。可將唐時期承襲秦漢之風外，加入胡夷與異國元表所創造出來的瑰麗面貌，做一有系統規則的呈現。本文期盼耙梳文史資料，歸納唐代婦女髮式及頭飾等造型的階段性變化，作為相關頭飾文化研究者參酌之用。

第二章　頭飾的歷史流變

　　在剛剛從動物界分離出來的相當長一段時間內，人類除了披髮的自然髮式之外，是沒有任何頭面裝飾的。但早期人類在漫長的狩獵採集過程中，每天都是希望與恐懼並存的，他們既希望狩獵能夠成功，又擔心在採集、狩獵過程中受到兇猛巨型怪獸的傷害，於是乎，便採用狩獵過程中獲取的動物皮毛尾羽，把自己刻意裝扮成動物的形象，借助以類呼類的交感巫術，企圖在漁獵和採集中為自身的生命安全增添一層保護色，並提高獵獲動物的成功率。源於此，想必這時人類的頭飾是有意識地做成某一種式樣了。而這個時期就是《禮記・禮運篇》所說的「未有麻絲，衣其羽皮」，或《後漢書・輿服志》所云的「上古穴居而野處，衣毛而冒皮」的上古時期。

　　「牽一髮而動全身」，開端總是可貴的。當人類這種群居動物懂得用頭飾之類的「文化」來巧妙地「遮避」或誇飾自身的時候，頭飾就發生了，隨之也就有了頭飾的欣賞者和記錄者。然而，古代先民頭飾的緣起及形態，或許是由於記錄者的疏忽，亦或是文字的失落，欲窺其詳已無可能。

　　文字的失落並不等於歷史的失落。後世的學者，在把玩頭飾這一束文化之花的時候，引經據典，詰艱拷問，他們展開豐富的聯想，或曰頭飾源於裝飾美的需要，或說是遮羞的觀念，或主張源於實用的目的，或強調擁符避邪、吸引異性。我們認為，頭飾的起源既有來自於禦寒遮羞、裝飾悅目、勞動的因素，也有來自模依與混同、魘勝與傳感的誘因，有著廣泛的社會基礎和思維基礎。

第一節　前唐時期的時尚美學

一、秦漢時期：日趨華麗的衣冠頭飾

　　秦朝立國較短，對秦代的婦女髮髻有凌雲髻、望仙九鬟髻、參鸞髻、黃

羅髻、迎春髻、垂雲髻、神仙髻等，但留下來的形象資料很少。及至漢朝，婦女髮型通常以挽髻為主，其編梳方法一般是從頭頂中央分開頭路，再將兩股頭髮編成一束，由下朝上反搭，挽成各種式樣。髮髻或堆在頂上，或分向兩邊，或拋至腦後，式樣繁多，有墮馬髻、盤桓髻、百合髻、分髾髻、垂雲髻、迎春髻、飛仙髻、瑤台髻、同心髻等。

　　秦漢時代的神仙崇拜不斷發展，對髮型髮飾影響深遠。秦始皇時好神仙之術，已有反映神仙思想的髮髻。漢代普遍追求長生、長壽，崇拜道教最高的女神王母娘娘。漢武帝也和秦始皇一樣追求長生不老，派方士尋找海外蓬萊，所以漢代的髮式和王母有關。東漢班固《漢武帝內傳》〔註1〕描寫漢武帝和王母娘娘會面，王母身穿金色袍，繫靈飛綬，腰佩劍，腳踏鳳履，「頭上太華髻，戴太真晨嬰之冠」〔註2〕。

圖　　號	2-1-1	2-1-2	2-1-3
說　　明	長信宮持燈宮女	玉舞人	灰陶聽琴俑
圖 形			
出土地或 現藏地	河北滿城中山靖王劉勝之妻竇綰墓出土	現藏上海博物館	四川墓葬出土（現藏故宮博物院）
出　　處	《中國服飾造型鑒賞圖典》頁 65	《中國服飾造型鑒賞圖典》頁 65	《中國服飾造型鑒賞圖典》頁 72

〔註1〕《漢武帝內傳》又名《漢武內傳》、《漢武帝傳》，中國神話志怪小說。共一卷。明清人有云為漢班固或晉葛洪撰者，皆無確據，實為後人偽託。《四庫全書總目》云當為魏晉間士人所為，《守山閣叢書》集輯者清錢熙祚推測是東晉後文士造作，二說大致不差。本書自漢武帝出生時寫起，直至死後殯葬。其中略於軍政大事，而詳於求仙問道。特別對西王母下降會武帝之事，描敘詳盡。

〔註2〕傳（東漢）班固所作，《漢武帝內傳》，https://zh.wikisource.org/wiki/%E6%BC%A2%E6%AD%A6%E5%B8%9D%E5%85%A7%E5%82%B3，2018.06.17。

　　圖2-1-1為1968年河北滿城中山靖王劉勝之妻竇綰墓出土，通高48公分，重15.78公斤。宮燈通體鎏金，作宮女跪坐持燈狀。據燈上銘文可知此原為陽信侯所製，後歸長信宮尚浴府使用，轉賜中山靖王劉勝的夫人竇綰。持燈宮女像頭梳椎髻，身穿繞襟深衣，下著裳。圖2-1-2為東漢時期傳世品，高9公分，寬3.4公分，厚0.3公分。漢代已出現專職的歌舞藝人。玉舞人體扁平，下有插榫。前額刻假髻形髮飾，兩耳垂髮至肩，是東漢盛行的一種髮型。圖2-1-3為四川墓葬出土，通高55公分，寬30公分。女俑梳高髻，畫長眉。身著中衣、禪衣，束腰，跪坐，正陶醉於娓娓琴聲之中。

圖　號	2-1-4	2-1-5	2-1-6
說　明	持箕陶俑頭飾	貴婦梳雙環髻	仕女髮髻插簪
圖形			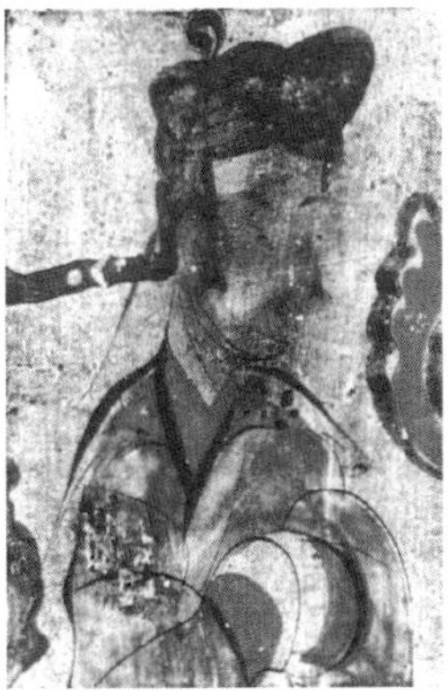
出土地或現藏地	四川樂山漢墓出土	〈洛神賦〉局部	洛陽漢墓壁畫出土
出　處	《中國服飾造型鑒賞圖典》頁72	《中國服飾造型鑒賞圖典》頁73	《中國服飾造型鑒賞圖典》頁73

　　圖2-1-4於四川樂山漢墓出土，此女俑頭部為漢代流行的鮮花頭飾。圖2-1-5為〈洛神賦〉局部貴婦服飾，貴婦梳雙環髻，頭飾珠瓔。圖2-1-6此為河南洛陽漢墓壁畫上的仕女，仕女面施胭脂，口塗紅唇，髮髻插簪，似應為漢代女流行的「啼妝」。

　　秦漢時期的髮飾主要有笄〔註3〕、簪、釵、擿〔註4〕、華勝〔註5〕、步搖

〔註3〕　笄，古代中國女子用以裝飾髮耳的一種簪子，用來插住挽起的頭髮，或插住帽子。曾在河姆渡遺址出土。中國女子十五歲稱為「及笄」，也稱「笄年」、結髮，用笄貫之。

等。在杜佑《通典・禮典》卷六十二記載：

> 漢制，太皇太后、皇太后入廟，蔮簪珥。珥，耳璫垂珠也。釋名云：「簪，達也，所以達冠於後也。一曰笄。笄，係也，所以拘冠使不墜也。」簪以玳瑁為擿，長一尺，端為華勝，上為鳳凰爵，以翡翠為毛羽，下有白珠，垂黃金鑷。左右一橫簪之，以安蔮。諸簪珥皆同制，其擿有等級焉。皇后謁廟，假結，步搖，簪珥。步搖以黃金為山題，貫白珠為桂枝相繆，一爵九華，熊、武、赤羆〔註6〕、天鹿〔註7〕、辟邪〔註8〕、南山豐大特〔註9〕六獸，詩所謂「副笄六珈」者。詩傳曰：「副者，后夫人之首飾，編髮為之。笄，衡笄也。珈，笄飾之最盛者，所以別尊卑也。」鄭玄曰：「珈之言加也。副，既笄而加飾，如今步搖上飾，古制未聞。」

目前漢墓出土的文物中並未發現杜佑《通典・禮典》所提到皇室貴族所佩戴的頭飾，但依上述傳世文獻的描述，在孫機先生〈步搖、步搖冠與搖葉飾片〉一文提到，六獸步搖可能類似於1864年出土頓河〔註10〕下游新切爾卡斯克薩爾馬泰女王墓出土的金冠（見圖2-1-7），年代為公元前2世紀，此冠由數段連接而成，已殘失一部分，但冠的上緣仍存有兩樹枝扶疏的金樹，所綴金葉均能搖動。冠正面的金樹兩旁對立二鹿，側面金樹兩旁各有一隻面向前方的盤角羊，後面還跟著兩隻禽鳥，這一部分帶有濃厚的薩爾馬泰〔註11〕藝

〔註4〕 擿是將頭部做成可以搔頭的簪子。《西京雜記》記載，漢武帝就取女子的玉簪搔頭，自此後宮人搔頭皆用玉簪。

〔註5〕 華勝古代婦女的一種花形首飾。為華麗的首飾，華麗的頭飾。出處《釋名・釋首飾》：「華勝：華，象草木之華也；勝，言人形容正等，一人著之則勝，蔽發前為飾也。」

〔註6〕 傳說中的瑞獸。《金石索・石索四・武氏石室祥瑞圖二》：「赤羆，仁姦明則至。」

〔註7〕 麠：獸名。《宋史・符瑞志》天麠者，純靈之獸，五色，光澤，洞開，王者道備則至。《顧氏說略》獸有天祿辟邪，天祿，一作天鹿，一作天麠。《前漢・西域傳烏弋有桃拔註》桃拔，一名符拔。似鹿，長尾，一角為天祿，兩角為辟邪。

〔註8〕 僻：《詩・魏風》宛然左辟是也。僻通作辟，辟則為天下僇，放辟邪侈，非辟之心無自而入是也。經傳避借僻者不多，見《說文》僻，避也，引《詩》作左僻，一曰從旁牽也。《長箋》謂詩不當作辟。刅非。本作僻，俗作僼。

〔註9〕 按史記：「秦文公二十七年，伐南山大梓，豐大特。」徐廣注雲：「今武都故道有怒特祠，圖大牛，上生樹本，有牛從木中出，後見於豐水中。」

〔註10〕 頓河是俄羅斯主要河流之一。發源於莫斯科東南的圖拉附近，長1,950公里，流入亞速海。在最東部與伏爾加河以長105公里伏爾加─頓河運河相連。

〔註11〕 薩爾馬特人又譯作薩爾馬提亞人、薩爾馬泰人等，是中亞一個著名遊牧部族，

術作風。但冠體裝飾則大異其趣，鑲嵌有紫水晶、珍珠以及柘榴石雕琢的女神像，呈現一派希臘式藝術特色。

圖2-1-7：俄羅斯頓河下游新切爾卡斯克薩爾馬泰女王墓出土步搖冠

　　漢代，婦女最常用的首飾是「步搖」。步搖的製作，一般用金銀絲編為花枝，上綴珠寶花飾，並垂以五彩珠玉，使用時插在頭頂，行走時隨步履的移動，下垂的玉珠便會不停的搖曳，故而得名。這種首飾，起於春秋戰國，盛行於漢，至唐仍能夠見到。貴婦人頭插步搖，纖纖細步時的綽約風姿，在南朝梁范靖妻的〈詠步搖花詩〉有形容此一情況：「珠華紫翡翠，寶葉間金瓊。剪荷不似制，為花如自生，低枝拂繡領，微步動瑤瑛。」

二、魏晉南北朝時期：多變的頭飾風潮

　　由於受佛、道出家思想和外來形式與風格的影響，以及名士階層放浪不羈習氣的薰染，這個時期的婦女妝飾可謂是隨心所欲，自由散漫，無奇不有。如僅婦女髮髻，見諸史載的就有假髻、靈蛇髻、飛天髻、蔽髻、盤桓髻、翠眉驚鶴髻、反綰髻、百花髻、涵煙髻、流蘇髻、十字髻、雙丫髻、芙蓉歸雲髻、回心髻、歸真髻、凌雲髻、隨雲髻、纈子髻、螺髻、雙髻等名目。

　　　　也屬于塞人，與斯基泰人是相同種族。藝術品多飾以重彩飾的幾何圖形，但
　　　　也吸收有「動物紋」風格。薩爾馬特人稱霸時期，所有南俄草原部族都接受其
　　　　文化，影響廣及黑海沿岸及其以西地區。

圖 號	2-1-8	2-1-9	2-1-10
說 明	貴婦梳髻，上飾步搖	貴婦梳雙髻	梳頡子髻的北魏貴婦
圖 形			
出土地或現藏地	〈烈女仁智圖〉局部	〈洛神賦圖〉局部	敦煌莫高窟 288 窟東壁壁畫
出 處	《中國服飾造型鑒賞圖典》頁 86	《中國服飾造型鑒賞圖典》頁 87	《中國服飾造型鑒賞圖典》頁 93

　　圖 2-1-8 為東晉顧愷之〈烈女仁智圖〉，圖中貴婦梳髻，上飾步搖。圖 2-1-9〈洛神賦圖〉中的婦女梳雙鬟，束以粉紅色的絲帶。圖 2-1-10 為北魏時期貴婦梳頡子髻，把頭髮挽成髻後，用繒帛帶纏束。

圖 號	2-1-11	2-1-12	2-1-13
說 明	頭梳高髻的灰陶女俑	貴婦出游畫像磚	金簪頭
圖 形			
出土地或現藏地	江蘇南京墓葬出土	河南鄧縣墓葬出土	江蘇南京出土
出 處	《中國服飾造型鑒賞圖典》頁 92	《中國服飾造型鑒賞圖典》頁 92	《中國服飾造型鑒賞圖典》頁 94

　　圖 2-1-11 為 1960 年江蘇南京墓葬出土，高 37.5 公分，女俑頭梳高髻，兩鬢長髮向上梳結。圖 2-1-12 為 1958 年河南鄧縣墓葬出土，寬 38 公分，高 19 公分，厚 6 公分，畫像為兩貴婦及兩侍女。兩貴婦所梳環髻，據《宋書・五行志》記南朝風俗：「民間婦人結髮者，三分髮，抽其鬟直向上，謂之「飛天紒」。」這種髮式當受佛教影響，據傳這種風俗始自南朝宋元嘉六年（429 年），先在宮中流行，後普及民間。兩侍女頭梳雙丫髻。

　　魏晉南北朝時期，婦女流行高大的髮髻，除用一般的簪釵之外，還出現了一種專供支承假髮的釵。這種釵是作固髮專用的，承重為主，因此質樸無華。與高大的髮髻相稱的步搖，成為時尚的頭飾。這個時期的髮飾，用黃金製作的明顯增多，甚至連梳篦也用黃金來打造。

圖　　號	2-1-14	2-1-15	2-1-16
說　　明	銀釵	金梳背	牛首、馬首金步搖冠
圖形			
出土地或現藏地	河北河間邢氏墓出土	陝西咸陽機場出土	內蒙古達茂旗西河子出土
出　　處	《中國服飾造型鑑賞圖典》頁 94	《中國服飾造型鑑賞圖典》頁 95	《中國服飾造型鑑賞圖典》頁 94、95

圖 2-1-13 為南朝髮飾，江蘇南京出土，高 1.5 公分，重 2.1 克。簪頭呈球狀，上嵌寶石，小巧精緻。圖 2-1-14 為河北河間邢氏墓出土，魏晉南北朝婦女流行高大的髮髻，這種以固定髮髻為主的釵子應運而生。造型簡單，以實用為主，不重裝飾，質樸無華。圖 2-1-15 於 1988 年陝西咸陽機場出土的北周金梳背，長 5 公分，寬 1.5 公分。為純金打造，邊緣由各色寶石鑲嵌，有些已經脫落，梳身部分為象牙製作，中心為金線擰製而成。梳背一面為雙鵲戰荷圖，一面為荷花雙梅圖，盡顯華麗。圖 2-1-16 為內蒙古達茂旗西河子出土，為北魏鮮卑族婦女戴的步搖冠。座底分別具有牛頭和馬頭特徵，於座上鑄樹形裝飾。樹葉和樹幹均由黃金打造。葉子用圓環懸掛於樹幹梢上，當人的頭部搖動時，樹葉隨之顫動。樹幹和底座之上均嵌寶石。此飾件造型構思奇特，做工精美。

第二節　隋唐時期雍容的頂上風華

強盛的大唐帝國，近悅遠來，五方雜處，社會以一種極為開放的態勢，吞吐吸納，極屬雍容。生活在這個時代的婦女們，為了頭上一束青絲的美麗，敢於衝破封建禮教的精神羈絆，大膽繼承與創新，為我們塑造了一簇簇形態萬千的頭飾式樣。

隋唐婦女頭部妝飾，形制多樣，用材各異，有釵、簪、步搖、梳、篦、金鈿、銀鈿等；面部化妝有紅妝、白妝之分，同時還有面靨等特殊的妝飾。就髮式而言，隋唐以前流行的許多髮髻如偏垂的墮馬髻、盤繞的雲髻、高聳的飛天髻，在唐代婦女的手中幾乎都有新的花樣出現。一些周邊民族的髮髻如烏蠻髻、椎髻、回鶻髻，同樣是大唐婦女競相仿效的對象。

總體而觀，較之隋平頂式、變化少的髮髻式樣，唐代婦女的髮髻，以高髻為主，線條更加柔和自然，與女子華麗風雅的面妝相映成輝。各種髮髻名稱，見於諸史的有雲髻、半翻髻、螺髻、雙鬟望仙髻、高髻、低髻、小髻、同心髻、側髻、椎髻、花髻、寶髻、烏蠻髻、回鶻髻、拋家髻、百合髻、愁來髻、倭墮髻、鳳髻、反綰髻、交心髻、水髻、飛髻、偏髻、撥叢髻、叢梳百葉、樂游髻、囚髻、歸順髻、長樂髻、鬧掃妝髻等數十種之多。圖 2-2-1 為 1959 年河南安陽隋開皇 14 年（594 年）張盛墓出土，高 18.5 公分。此俑頭梳平髻，後腦插梳，紅色緊條長裙舖地，外著罩衣，雙帶下垂，衣裙上的色彩剝蝕較甚。

圖 2-2-1：梳平髻的吹笛俑，現藏河南博物院

出處：《中國服飾造型鑒賞圖典》頁 101

圖　　號	2-2-2	2-2-3	2-2-4
說　　明	梳高髻的婦女	梳百花髻的婦女	梳高髻的三彩陶女坐俑
圖形			
出土地或現藏地	陝西西安李重俊墓壁畫	敦煌莫高窟 144 窟東壁壁畫（段文杰摹）	陝西西安墓葬出土
出　　處	《中國服飾造型鑒賞圖典》頁 110	《中國服飾造型鑒賞圖典》頁 111	《中國服飾造型鑒賞圖典》頁 111

　　圖 2-2-2 爲陝西西安李重俊墓壁畫，該仕女頭梳高髻，著交領上襦，紅色長裙拖地，極爲豔麗。肩上披帛，長至膝間。是唐朝婦女典型的裝束。圖 2-2-3爲敦煌研究院院長段文杰摹敦煌莫高窟壁畫的供養人，約屬唐代中期，吐蕃時期漢族婦女仍然漢裝爲主，頭梳百花髻，髮髻上有花釵、步搖、牡丹花、角梳。圖 2-2-4 爲陝西西安墓葬出土的三彩陶女坐俑，高 47.5 公分。三彩女俑頭梳高髻，粉面朱唇，額貼花鈿，梳化當時婦女流行的時世妝。

本章節僅以概述當代的婦女流行趨勢，更爲詳盡的描述可參閱本研究論文第三、四章說明。

第三節　後唐時期的仿唐流行

一、宋代：內斂簡約的衣冠頭飾

進入宋代，由於受到程朱理學思想的禁錮，「外檢束，內靜修」成爲當時社會對女子行爲規範和道德標準的衡量尺度，婦女的妝飾開始向內斂方向發展，無復唐代的揮灑自如。盡管如此，宋代婦女的高冠帽、髮髻以及冠梳、簪花習俗，還是頗有特色的。

宋代婦女，上自王妃，下至普通百姓都喜歡戴冠。常見的有角冠、龍鳳髮釵冠、山口冠、短冠、珠冠、鳳冠、團冠、垂肩冠等多種。圖 2-3-1 爲皇后頭戴等肩冠，後飾博鬢。冠的邊緣飾一圈珍珠，耳墜寶珠，身著交領龍鳳花鳥紋袍。圖 2-3-2 爲貴婦頭戴鳳冠，插角梳和步搖，佩帶多重頸飾，面部化妝的靨依稀可見，著寬袖曳地長袍。花釵禮衣上有折枝花葉紋，穿從頭履，宋代的花釵禮衣基本上繼承唐制。

圖　號	2-3-1	2-3-2	2-3-3
說　明	宋眞宗章懿皇后李氏像	花釵禮衣的婦女	似重樓子花冠
圖形			
出土地或現藏地	現藏故宮博物院	敦煌莫高窟 256 窟東壁壁畫	四川大足石刻
出　處	《中國服飾造型鑒賞圖典》頁 139	《中國服飾造型鑒賞圖典》頁 139	《中國服飾造型鑒賞圖典》頁 147

　　宋代是一個高冠盛行的時代，當時婦女的高冠日趨危巧，甚至到影響生活的程度。如其中有一種名叫「重樓子」的冠（見圖 2-3-3），仿當時特種牡丹重樓子，用羅帛重疊堆砌如樓閣式，加在高髻（見圖 2-3-5）上，有的高過三尺，所插角梳也高過一尺二寸。

　　在宋代婦女的冠服中，龍鳳髮釵冠是非常典型而又富麗堂皇的一種冠式。這種冠源於唐代命婦的花釵禮服，按唐制，太子妃花釵九樹，一品命婦花釵九樹，二品命婦花釵八樹，三品花釵七樹，四品花釵六樹，五品花釵五樹。至宋代，被定為后、妃、命婦的禮冠。據《宋史·輿服志》記載：「第一品，花釵九株，寶鈿准花數，翟九等；第二品，花釵八株，翟八等；第三品，花釵七株，翟七等；第四品，花釵六株，翟六等；第五品，花釵五株，翟五等。」其形象如敦煌莫高窟 192 窟東壁所繪的貴婦頭戴花釵冠（見圖 2-3-4）。

圖　號	2-3-4	2-3-5
說　明	貴婦頭戴花釵冠	梳高髻的婦女剖魚畫像磚
圖　形		
出土地或現藏地	敦煌莫高窟 192 窟東壁畫	河南偃師出土北宋畫像磚
出　處	《中國服飾造型鑒賞圖典》頁 143	《中國服飾造型鑒賞圖典》頁 149

從敦煌莫高窟 98 窟供養人壁畫的供養人裝扮來看，北宋初年時，河西地區貴族婦女頭上盛插花釵梳篦，佩戴珠寶項鍊的風氣比五代時更盛，依然保持了唐代風格。宋代出土的髮飾實物，有梳、釵、簪、金鈿等。插在頭上的銀梳，主花紋有獅、虎等，主花周圍還有繁縟的花飾陪襯，精工富麗。釵簪不僅用金、銀、玉等做成，而且還出現了用玻璃做的，通體透明、晶瑩剔透（見圖 2-3-6、2-3-7）。

圖　　號	2-3-6	2-3-7
說　　明	南宋鎏金嵌珠銀金翅鳥	南宋鎏金銀簪
圖形		
出土地或現藏地	1978 年雲南大理三塔主塔頂發現	1983 年浙江永嘉下嶺宋代窯出土
出處	《中國服飾造型鑒賞圖典》頁 148	《中國服飾造型鑒賞圖典》頁 148

宋代婦女，髮髻上喜插釵鈿、簪珥（珥是一種用珠子或玉做的耳環）、簪花、梳篦，頭上喜戴珠翠、鬧蛾、玉梅等頭飾。髮式式樣承晚唐五代之遺緒，崇尚高髻，普通年輕婦女，髻高逾尺。高髻的梳成，大多摻有假髮，有的則用假髮編成各種形狀況的假髻，用時直接套在頭上，時稱「特髻冠子」或「假髻」。在一些大都市還出現了專門生產和銷售這種髮髻的店鋪。由於高聳誇張的假髻，有悖宋朝潔淨、簡僕的著裝原則，朝廷曾下詔禁止，然因積習已深，禁斷無效，甚至到了南宋晚期，一些邊遠地區還以高髻為美（見圖 2-3-8、2-3-9、2-3-10）。

圖　號	2-3-8	2-3-9	2-3-10
說　明	女主人頭梳環髻	養雞婆頭梳高髻	梳妝女頭戴高髻
圖　形			
出土地或現藏地	佚名〈盥手觀花圖〉（現藏天津市博物院）	四川大足石刻	傳河南偃師出土烹茶畫像磚
出　處	《中國服飾造型鑒賞圖典》頁143	《中國服飾造型鑒賞圖典》頁144	《中國服飾造型鑒賞圖典》頁143

　　宋代婦女在髮式上還是繼承了唐朝的高髻，但在形式上不像唐朝那麼變化多端，瑰麗怪異，主要分三個階段，徽宗時為大髻方額；然後尚急扎垂肩（冠幘成「等肩」），也就是在腦後挽一個垂肩的髮髻；宣和之後則為「雲尖巧額〔註12〕，鬢撐金鳳」〔註13〕，顧名思義就是將額頭的髮絲修飾成數朵雲朵狀，兩鬢簪金釵，以秀麗典雅見長。典型的髻式有同心髻（見圖2-3-11）、流蘇髻及包髻等多種。

〔註12〕把額髮盤成雲朵狀，橫在眉頭上；另一種解釋是把額髮修剪出尖，尖正對著眉心。

〔註13〕宋・袁褧《楓窗小牘》卷上：「宣和已後，多梳雲尖巧額，鬢撐金鳳，小像至為剪紙襯髮，膏沐芳香。」

圖 2-3-11：〈蠶織圖〉〔註14〕中梳同心髻的婦女，現藏黑龍江省博物館

（《中國服飾造型鑒賞圖典》頁 144）

二、明代：衣冠制度的承襲與創新

唐朝的女子髮式瑰麗怪異，宋朝的則顯得清秀空靈，相比之下，明代女子髮式的特點是「平」、「垂」、「實」。所謂「平」，是此時婦女的髮式不像前朝那麼高聳。「垂」是髮髻的樣式多向腦後垂墜。「實」是髮髻中透空的部分很少，多為豐滿的一團挽在頭頂或腦後，顯得髮絲濃密、厚重。

明代婦女喜以釵、簪、梳為飾，釵的形制有雀釵、金蟬釵、鳳凰釵等多種；而髮式則多襲宋、元樣式，喜歡將髮髻梳高，用金銀絲挽結，頂飾珠翠。嘉靖以後，驟起變化，名目日漸增多，樣式也由扁圓趨於長圓。明代婦女髮髻，見於諸史的有假髮髻、杜韋娘髻、一窩絲、挑心髻、牡丹髻、松鬢、扁髻、桃尖頂髻、盤龍髻、鵝膽心髻、雙螺髻、雙丫髻、墮馬髻、鳳髻、花髻、圓髻、尖髻、雙螺髻、平髻等多種。

〔註14〕 〈蠶織圖〉為南宋畫家梁楷所繪。梁楷，生卒年不詳，中國南宋畫家，祖籍東平（今屬山東），居錢塘（今浙江杭州）。工人物、佛道、鬼神，兼山水、花鳥。梁楷開創了中國畫水墨寫意畫法的新局面，對後代寫意畫法的發展有很大的影響。其作品「潑墨仙人」展現了水墨之墨韻的精湛美感，是一種簡筆畫的表現形象方式。

圖　號	2-3-12	2-3-13
說　明	頭盤髻，戴鬆髻的后妃	頭梳髻包頭巾的麻姑
圖形		
出土地或現藏地	〈往古妃宮嬪女等眾〉局部（原藏山西右玉縣寶寧寺）	明語濱〈麻姑獻壽圖〉（現藏上海博物館）
出　處	《中國服飾造型鑒賞圖典》頁182	《中國服飾造型鑒賞圖典》頁185

圖　號	2-3-14	2-3-15	2-3-16
說　明	頭梳高髻的仕女	梳高頂髻的仕女	梳牡丹頭的仕女
圖形			
出土地或現藏地	唐寅〈秋風紈扇圖軸〉（現藏上海博物館）	唐寅〈秋風紈扇圖軸〉（現藏上海博物館）	唐寅〈洞簫侍女圖〉（現藏南京博物館）
出　處	《中國服飾造型鑒賞圖典》頁185	《中國服飾造型鑒賞圖典》頁189	《中國服飾造型鑒賞圖典》頁189

圖　號	2-3-17	2-3-18
說　明	梳高髻髮髻插金釵的仕女	梳盤髻的婦女
圖形		
出土地或現藏地	明陳洪授〈咏梅圖軸〉	明張靈〈招仙圖〉（現藏故宮博物館）
出　處	《中國服飾造型鑒賞圖典》頁189	《中國服飾造型鑒賞圖典》頁189

　　范廉在《雲間據目抄》〔註15〕卷二〈記風俗〉中描寫到明時婦女髮髻與首飾的樣式，婦人頭髻在隆慶初年皆尚圓扁，頂用寶花，謂之「挑心」，兩旁用「捧鬢」，後用「滿冠」倒插，兩耳用寶嵌大環，年少者用頭箍，墜以圓花方塊。「挑尖頂髻」「鵝膽心髻」，漸見長圓，摒去前飾，皆尚雅裝。梳頭如男人直羅，不用分髮鬢髻，髻皆後垂。又名墜馬髻，旁插金玉梅花一二對，前用金絞絲燈籠簪，兩旁用西番蓮梢簪插兩三對，髮眼中用犀玉大簪橫貫一二枝，後用點翠捲荷一朵，旁加翠花一朵，大如手掌，裝綴明珠數顆，謂鬢邊花，插兩鬢邊，又謂之飄枝花。

　　皇后所戴的冠上綴九龍四鳳，皇妃所戴的冠上綴九翬四鳳（見圖2-3-19、2-3-20）。外命婦所戴的彩冠，不允許綴龍鳳，只綴珠翟、花釵，但習慣上也稱為「鳳冠」。庶民女子戴的金冠名目繁多，製作工藝精湛，巧奪天工，如「金廂玉仙玉兔冠」、「金大珠八仙冠」、「劉海戰金蟾冠」、「金廂樓閣眾仙冠」等。首飾主要有金釵和寶簪，釵頭、簪頭上製作有亭台樓榭、虹橋樹木、飛禽走

〔註15〕　（明）范濂 撰，《雲間據目抄》五卷，臺北市：新興書局，1978年。

獸、仙女人物等形象，栩栩如生，極其精緻。1957 年重慶江北明駙馬騫芳墓出土的學士登瀛金釵（圖 2-3-21，現藏重慶市博物館），爲金釵作捲雲形，正面周亭台樓閣、花鳥人物活動其間。背面刻〈三學士〉詩：「冠世文章絕等倫，瀛洲學士盛時人，玉堂金馬聲名舊，明月清風氣象新。閬苑朝回春滿軸，宮壺醉後筆如神，平生自是承恩重，每賜金蓮出禁宸。」又刻有〈七絕〉一首。此釵爲冥婚公主殉葬物。1958 年江西南城明益莊王朱厚燁墓出土的樓閣人物金髮飾（圖 2-3-22，現藏中國國家博物館），則兩端爲尖形，中部有宮殿三棟，中間一棟分上下層，下層爲三開間，前面有踏步，兩旁有欄杆。正中間一間間前突出，各間屋頂分立，均爲重檐，三間之內各有一造像。中間的雙手持笏。左右各間的手執掌扇。上層無樑柱，僅見重檐歇山屋頂，左右兩棟較低。每棟亦作三開間，各間之內均由一造像，手中抱一小孩。簪足向背後平伸。工藝精湛，紋飾盡顯奢華，是明朝王室奢華生活的眞實寫照。〔註 16〕

圖　號	2-3-19	2-3-20
說　明	孝靖皇后嵌珠寶鳳冠	嵌寶石金鳳冠
圖形		
出土地或現藏地	1958 年北京昌平定陵出土	1954 年貴州播州楊家土司墓出土
出　處	《中國服飾造型鑒賞圖典》頁 192	《中國服飾造型鑒賞圖典》頁 193

〔註 16〕 孔德明 主編，《中國服飾造型鑒賞圖典》，上海：上海辭書出版社，頁 194。

圖　號	2-3-21	2-3-22
說　明	學士登瀛金釵	樓閣人物金髮飾
圖形		
出土地或現藏地	重慶江北明駙馬褰芳墓出土	江西南城明益莊王朱厚燁墓出土
出　處	《中國服飾造型鑒賞圖典》頁 194	《中國服飾造型鑒賞圖典》頁 194

第四節　小　結

　　古代男女的髮型有一個共同的特點，就是蓄髮不剪。古人認爲身體髮膚受之父母，不能毀傷，一般都留長頭髮，只有犯罪之人才剃去頭髮，叫做「髡首」。所以男子最初的髮型，與婦女一樣披散在肩上。另外，中國很早也就出現假髮，早期是上層社會女性的飾物，用來加在原有的頭髮上，令頭髮更濃密、做出較爲複雜的髮髻。《詩經・鄘風・君子偕老》云「君子偕老，副笄六珈。……鬒髮如雲，不屑髢也。」提到一種假髮稱「副」，又提到「不屑髢也」。，「髢」就是局部假髮或髮絲編成的假髻。《詩經・召南・采蘩》云：「被之僮僮，夙夜在公。被之祁祁，薄言還歸。」就稱假髮編成的髻爲「被」，是髢的通假。

　　女子的滿頭烏髮隱含著女性自身驕傲，它是青春年華的代表，愛情的夢想，牽繫著許多文化上的深厚意蘊。身體髮膚受之父母，不可損傷。古人把頭髮當作人的身體、性命的一部分，精心梳理保護終生。《禮記・內則》記載嬰兒誕生三月後，就修剪頭髮爲「男角女羈」，男孩留下一小束頭髮在頭上，女孩子剪成十字形，這就稱做「羈」。嬰孩長大後，梳兩個小髻，叫做「總角」。還有一小部分餘髮，稱「髦」。所以以「總角」、「垂髻」代稱幼小的年齡。

　　髮髻經過幾千年的發展，包括幾個大類，足有數百種。但大抵可以分成高髻、垂髻、偏髻、平髻、環髻、丫髻、椎髻、反縮髻、叢髻等幾大類，每一大類都包含有許多種髮髻。古代女子裝飾頭髮的用物很多，如笄、簪、釵、步搖、頭繩、巾、帽、冠、頭箍（包括抹額等）、梳篦、鑷子、勝、角、羽、花葉、義髻、節令飾物、角色妝飾等等。

　　隨著近代社會風氣的變化，大約在 20 世紀 20 年代，剪髮重新又在婦女中流行，剪髮後一般多用緞帶束髮，貴婦也有用珠翠寶石做成各種髮箍套在頭髮上的。30 年代後，燙髮、染髮傳入中國，大城市婦女髮式也與世界「接軌」了。

第三章 從樸素到華麗的髮式

　　隋唐時代國家統一，文化發達風氣開放，隋唐仕女們是美豔的，充滿自信的，髮型、髮飾也是千變萬化，無拘無束的，就像坦蕩無羈的女兒心，髮型喜歡高大，髮飾喜歡繁麗，以此來抒發自己關於愛情、春天和天堂的幸福夢想，還有難以言說的一絲絲惆悵。所以有無數的顯示神仙、瑞獸、奇花異草的花樣、紋飾，有珍貴的奇光閃爍的珠寶，都裝點在髮髻上，是元氣充沛的年代，只有這樣放縱才能擁有這麼多的美，只有這樣美才令後代無數的女子豔羨。

　　據段成式《髻鬟品》、王叡《炙轂子》、宇文氏《妝臺記》及《新唐書・五行志》等書記載，婦女的髮飾半翻髻、反綰髻、回鶻髻、高髻、烏蠻髻、雙環望仙髻及各種垂髻等，如表 3.1 唐代婦女的流行髮型示意圖彙整。髮鬟之上，用各種金玉簪釵、犀角梳篦等作為裝飾。這些髮髻的樣式，大致上都可以從現存的陶俑、壁畫、石雕、石刻及傳世的古畫中找到實例。總體來說，隋代髮髻比較簡單，變化也較少，一般多作平頂式，將髮分作二至三層，層層堆上如帽子之狀。初唐仍有梳這種髮式者，只是頂部不如隋代那麼平整，已有上聳趨勢，大多作成朵雲型，如〈步輦圖〉〔註1〕（圖 3-1-1）所見。至太宗時，髮髻漸高，形式也日益豐富。到了晚唐五代，髮髻又逐漸增高，並在上面安插了花朵，為宋初花冠的流行開了先路。

〔註1〕〈步輦圖〉傳為唐朝畫家閻立本的作品之一，描繪貞觀十四年（640 年），吐蕃王松贊干布仰慕大唐文明，派使者祿東贊到長安通聘。〈步輦圖〉所繪是祿東贊朝見唐太宗時的場景。現存畫作為設色絹本，高 38.5 公分，寬 129 公分，被認為是宋朝摹本，但仍被列為中國十大傳世名畫之一，現存於北京故宮博物院。

圖 3-1：〈步輦圖〉中宮女簇擁下坐在步輦中的唐太宗

1972 年修復後版本，現存於北京故宮博物院
出處：《中國服飾造型鑒賞圖典》頁 104

表 3-1：唐代婦女的流行髮型示意圖

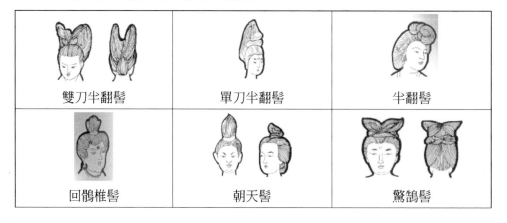

雙刀半翻髻	單刀半翻髻	半翻髻
回鶻椎髻	朝天髻	驚鵠髻

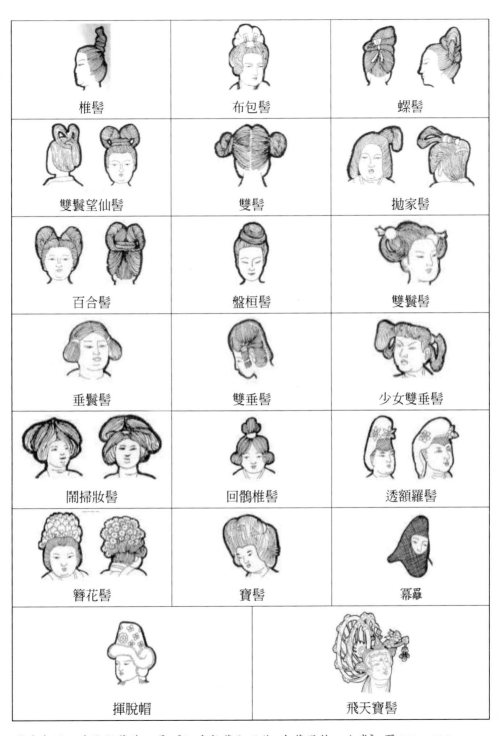

椎髻	布包髻	螺髻
雙鬟望仙髻	雙髻	拋家髻
百合髻	盤桓髻	雙鬟髻
垂鬟髻	雙垂髻	少女雙垂髻
鬧掃妝髻	回鶻椎髻	透額羅髻
簪花髻	寶髻	冪䍥
揮脫帽		飛天寶髻

圖片來源：黃能福摹繪，見《七千年藝術巨作 中華服飾・上卷》頁231～232

　　髮髻是古代婦女最常用的一種髮式。所謂髮髻，就是挽束頭髮，將其盤結於頭頂或顱後。由於挽束頭髮方式的不同，產生的效果也各異。它們的出現，最早可上溯到西周，戰國以後日益普及。自此之後，中國婦女的髮型，便一直以梳髻為主，直至本世紀初，因受新的生活方式影響，才紛紛剪去髮髻，改作短髮。

　　隋初時，文帝在生活方面以簡樸為重，所以隋代婦女的髮式變化不是很多，貴賤差別不大。再加上隋朝歷時很短，記載髮式名目有限，主要有盤桓髻、平髻、翻荷髻、九真髻、迎唐八鬟髻等，髮式比較簡單，也很少有裝飾，平而闊是其特色，延續北周「開額」舊制將額部的髮式剃齊。煬帝時，後宮中多奢華的裝飾，宮女梳有九貞髻、側髻，還有坐愁髻，徐士俊〈十髻謠〉〔註2〕說它是「江北花容，江南花歇；髮薄難梳，愁多易結」，似是多個結狀的髮髻，反映了哀愁姿態。

　　《髻鬟品》〔註3〕記述「煬帝宮有迎唐八鬟髻、又梳翻荷髻。」前者指髮髻上有八鬟，翻荷髻則指一種捲曲的髮髻，形如翻開的兩瓣荷葉，唐代還有，西安市郊一件隋代女俑頭上就是這種髻。

第一節　垂　髻

　　漢代是髮髻的奠基時代。從這個時期起，女子髻式日益豐富，變化無窮。在各種形式的女子髮髻中，垂髻是比較常見的一種，它是漢魏時期婦女的流行髻式，其中包括椎髻、墮馬髻、倭墮髻等。

〔註2〕〈十髻謠〉：清錢塘徐士俊野君撰

　　　鳳髻（周文王時一名步搖髻）有髮捲然，倒掛麼鳳。儂欲吹簫，凌風飛動。近香髻（秦始皇時）香之馥馥，雲之裊裊。目然天生，膏沐何須。飛仙髻（王母降武帝時）飛仙飛仙，降於帝前。回首髻光，為霧為煙。同心髻（漢元帝時）桃葉連根，發亦如是。蘇小西陵，歌聲相似。墮馬髻（梁冀妻）盤盤狄髻，墮馬風流。不及珠娘，輕身墜樓。靈蛇髻（魏甄后）春蛇學書，靈蛇學髻。洛浦凌波，如龍飛去。芙蓉髻（晉惠帝時）春山削出，明鏡看來。一道行光，花房乍開。坐愁髻（隋煬帝時）江北花榮，江南花歇。發薄難梳，愁多易結。反綰樂游髻（唐高祖時）樂游原上，草軟如綿。婀娜鬟多，春風醉眠。鬧掃妝髻（唐貞元時）：隨意妝成，是名鬧掃。枕畔釵橫，任君顛倒。（倒掛，又名麼鳳，類似鸚鵡而小，綠色羽毛嘴紅色，甚嬌麗常倒懸架上）。

〔註3〕唐朝段成式《髻鬟品》就記載了不下百餘種，其髻名雖多，但基本上是按髻的形態與裝飾而命名，如髻似螺，曰螺髻，如髻飾以鳳，曰鳳髻等。

一、蟬翼髻

　　唐玄宗前後的陶俑中出現了所謂的蟬翼髻。這時還有在頭頂上盤成球形的雙髻，扁形的斜髻，也有把頭髮向左右梳開，在耳邊束成兩個水滴形的垂髻。在唐代藝術品中見得最多的是倭墮髻。它是把頭髮從兩鬢梳向腦後，然後向上掠起，在頭頂上挽成一個或兩個向額前方低下來的髮髻。在盛唐時期的各地唐墓中出土的女陶俑大多做成這種髮式。

　　唐代孟簡有一首詩〈詠歐陽行周事〉〔註4〕，寫的是一對戀人恩愛相聚，後來卻因為關山阻隔無法相會，女郎相思成病不幸去世，那男子知道消息無限悲哀，不飲不食，也隨之而去。當女郎在病中時，把頭髻剪下，托侍女帶給遠方的愛人：「高髻若黃鸝，危鬢如玉蟬。纖手自整理，剪刀斷其根。柔情托侍兒，為我遺所歡。」柔婉的青絲表達著一腔深摯的愛意。這如黃鸝般的高髻，柔薄的蟬翼，在敦煌壁畫、唐三彩女俑上都有類似的形象。新疆吐魯番阿斯塔那古墓出土一幅絹本〈樹下人物圖〉（見圖 3-1-1），所繪女子長裙披帛，體態豐滿，頭髻似一隻黃鸝伸出脖頸，高翹起嬌麗的姿影，右手置胸前握帛，左手向前執帛一端，短裳束胸，全身朱色。面向左微側，神態自然，身後一樹，右側一女侍，藍衣麻線鞋，轉首後顧。

圖 3-1-1：梳蟬翼髻的仕女（右圖為放大圖）

日本 MAO 美術館藏唐紙本設色〈樹下人物圖〉
出處：《中國美術全集——繪畫篇2》頁28

〔註4〕〈詠歐陽行周事〉收錄《全唐詩》卷四七三。

額髮留得較長，覆在前額的，都是小女孩。如李白〈長干行〉中「妾髮初覆額，折花門前劇；郎騎竹馬來，繞床弄青梅。」之句，渲染幼年的小男孩和小女孩一片天眞爛漫、青梅竹馬的情韻。

二、椎髻

從大量的文獻記載來看，即便在盛行高髻的晚唐時代，椎髻的的影響仍然存在。詩人白居易在他的〈時世妝〉一詩中，就不止一次提到過椎髻，如「圓鬟無鬢堆（椎）髻樣，斜紅不暈赭面狀。……元和妝梳君記取，髻堆（椎）面赭非華風。」〔註5〕《新唐書·五行志》裡，也有關於「椎髻」的記載：「元和末，婦人爲圓鬟椎髻，不設鬢飾，不施朱粉，惟以烏膏注唇，狀似悲啼者。」〔註6〕又：「唐末京都婦人梳髮，以兩鬢抱面，狀如椎髻，時謂之拋家髻。」〔註7〕可見連名噪一時的拋家髻都是一種「椎髻」。拋家髻的形狀，藉唐人畫塑保存下來不少，如傳爲周昉的〈紈扇仕女圖〉中，就有梳這種髮式的婦女形象。盡管整個髮髻造型與椎髻的原始形象有很大出入，但將頭髮集中成一撮，下垂於顱後的特點獨存。難怪白居易要發出「髻椎面赭非華風」的感嘆了，因爲它畢竟是一種外來的習俗。

也有把椎狀髻前傾在額前的，如唐代李憲墓的一幅壁畫上，一位女子就梳著椎形髻，以紅帛帶繫結。也有縮在腦後的，隨意變化。如敦煌藏經洞出土的一幅女供養人像，尖狀椎髻梳在腦後，頭上插一枚半月形梳子，兩邊各插一支博鬢爲飾，十分簡潔。同時出土的五代〈千手千眼觀音圖〉上的一位女供養人，梳一個挽在腦後的椎髻，配插花鈿、花葉形釵、白角梳，左右各插兩博鬢，顯得更加華麗。

三、烏蠻髻

烏蠻髻也是一種少數民族的髮髻。唐袁郊〈甘澤謠〉記紅線娘服飾：「梳烏蠻髻，攢金鳳釵，衣紫繡短袍，繫青絲輕履。」〔註8〕唐人所謂「烏蠻」，一般指古代南方的僚僰。史籍記載這個民族的髮式，通常都梳「椎髻」。唐代婦女在椎髻的基礎上作了一番改造，梳時將髮掠向顱後，在頭頂挽成一高髻，並將髮髻朝前額垂下。

〔註5〕《全唐詩》卷四二七，北京：中華書局，1960年，頁4705。
〔註6〕《新唐書》卷三十四，北京：中華書局，1975年，頁879。
〔註7〕同上。
〔註8〕《甘澤謠》，商務印書館叢書集成初編本，1939年，頁10。

　　高而尖的烏蠻髻，是唐代仕女吸收南方少數民族女子髮型創造的，即古代羌人梳的椎髻之類，後傳入中原，經過改造而成烏蠻髻。方亨咸《苗俗紀聞》說：「婦人髻高一尺，膏以脂，光可鑒人，婀娜及額，累疊而銳，俗所謂烏蠻耶。」〔註9〕《太平廣記》記載唐代英姿颯爽的女俠紅線〔註10〕「梳烏蠻髻，貫金鳳釵」。大概是烏蠻髻高而尖，比較俐落，符合紅線作為劍俠的性格。紅線再插上一支金鳳釵，卻又別具女兒家的嫵媚。

　　把頭髮聚在腦後，梳理成一個錐形再搭在額前的髮髻，稱為心字形髻，顯得特別俏麗，也有稱它烏蠻髻的。唐代李憲墓石槨上就刻著這種髮髻的少女，頭上還戴著花。在西安唐右領軍衛大將軍鮮于庭誨墓出土的兩件少女唐三彩俑（如圖 3-1-2）也梳這類髮髻，和少女的身份是相稱的。烏蠻髻與椎髻的不同之處在於髮髻的地位，椎髻多垂於顱後，而烏蠻髻則垂於額前。

圖 3-1-2：梳烏蠻髻的婦女

陝西西安鮮于庭誨墓出土三彩俑
出處：《中國歷代婦女妝飾》頁 32

四、垂髻

　　除丫髻、丫鬟、圓鬟等三種髮式之外，還有一種略似雙鬟的髮式。其特

〔註 9〕　《檀幾叢書》二集，第三帙，清康熙三十四年新安張氏霞舉堂刊本。

〔註10〕　《紅線傳》是一篇唐傳奇，敘述虛擬人物俠女紅線，幫助主公潞州節度使薛嵩抵抗魏博節度使田承嗣的故事，是一篇知名的武俠傳奇。「紅線」是潞州節度使薛嵩的青衣（婢女），擅長文學與彈奏阮琴，一開始在薛嵩的府中擔任書記工作，薛把她稱為「內記室」。 薛嵩的親家魏博節度使田承嗣，蓄養兵勇三千，想要併吞潞州，薛嵩憂慮不已，紅線向薛請命，在頭上寫了太乙神名號，隱身潛入了魏博田府，進入田承嗣臥室，拿走了寫有其八字與北斗神名稱的金盒。薛嵩刻意將金盒送還給田承嗣，田承嗣知道薛家有厲害的殺手，隨時可以潛入自己的床頭取自己性命，於是放棄了併吞潞州的想法。紅線大功告成之後，就告別薛府，她說她的前生是一個醫師，不慎用藥失誤，害死了一個孕婦與腹中的攣生子，一屍三命，故轉世被貶為女流之輩，現在化解了兩藩鎮之戰，拯救了生靈無數，已經贖罪了，就要離去。薛嵩想要對她重賞，但紅線不接受，默默離開。https://zh.wikipedia.org/zh-tw/%E7%B4%85%E7%B7%9A%E5%82%B3，2018.07.22。

點是分髮兩鬢，各編成一個辮髻，下垂於耳邊。新疆吐魯番阿斯塔那 187 號唐墓出土的〈奕棋仕女圖〉（如圖 3-1-5）及現藏於美國堪薩斯市納爾遜‧艾金斯藝術博物館的〈調琴啜茗圖〉（如圖 3-1-6）中，都繪有梳過這種髮式也稱之為「丫鬟」，其實它與丫鬟有著本質差別。嚴格地說，它既不能算丫鬟，也不能算丫髻，它並不高聳於髮頂；說它是丫鬟，它又不作成環狀。它是介乎丫鬟與丫髻之間的另一種髮式，合理的稱呼，應當叫做「垂髻」。

唐代垂髻多為少女所梳，耳邊下垂兩個辮髻，紮以紅繩。唐代〈內人雙陸（註11）圖〉（如圖 3-1-3）中一位扶著貴婦人的侍女梳的就是這種髮型。張萱〈搗練圖〉（如圖 3-1-4）中一位扇火的少女，兩邊耳邊則垂下兩個圓形小髮球。而那鑽在練下做遊戲的女童，則是在頭頂上梳一個髮球，兩邊耳邊垂下兩個小髮球，這樣的垂髻更顯活潑可愛。

圖　　號	3-1-3	3-1-4
說　　明	描繪玩雙陸的宮人	梳雙垂髻的婦女
圖形		
出土地或現藏地	唐 周昉〈內人雙陸圖〉	張萱〈搗練圖〉局部（現藏上海博物館）
出　　處	《中國頭飾文化》頁 85	《服飾中華──七千藝術巨作（夏商周～隋唐五代之卷）》頁 211

〔註11〕　雙陸，又作雙六，是漢字文化圈一種傳統二人桌上遊戲，又有握槊、長行等名稱。它是由古天竺（今印度）的波羅塞戲基礎改造而成。由一個棋盤與相同數量的黑白（或任何兩種不同顏色）棋子（稱為「馬」）組成，棋子有各十二、十四、十五顆不等。相傳是三國曹魏宗室曹植所引進波羅塞戲後再糅合六博而創出。

圖　號	3-1-5	3-1-6
說　明	雙垂髻的婦女	左右兩側梳雙垂髻的婦女
圖 形		
出土地或 現藏地	新疆吐魯番唐墓〈弈棋仕女圖〉局部	唐 周昉〈調琴啜茗圖〉〔註12〕（現藏美國密蘇里州堪薩斯市納爾遜・艾金斯藝術博物館）
出　處	《中國美術全集——繪畫篇（2）》頁21	《中國美術全集——繪畫篇（2）》序頁13

五、垂髾髻

　　垂髾髻雖然不屬於垂髻，但從髻中分出一撮餘髮，下搭於顱後。在結構上，它與墮馬髻有些相似，不過墮馬髻的髮髻的髮髻完全垂於後背，而這種髮髻則處於頭頂，只有一撮餘髮垂下。這撮餘髮在古時被稱爲「髾」，由於它多呈下垂之勢，又名「垂髾」。漢傅毅〈舞賦〉：「珠翠的皪而炤耀兮，華袿飛髾而雜纖羅。」唐張銑注：「髾，髻飾也。」〔註13〕《史記・司馬相如傳》：「揚袘卹削，蜚纖垂髾。」裴駰集解引郭璞：「髾，髻髾也。」〔註14〕晉枚乘〈七髮〉：「雜裾垂髾，目窕心與。」唐劉良注：「裾，衣也；髾，髻也。」這些辭賦本身所描寫的並不是髮飾，而是婦女的衣飾，即袿衣的衣裾，但都用了「髾」字或謂「飛髾」，或謂「垂髾」；何爲「髾」呢？後世學者在注文中解釋得非常清楚，即「髻飾也」。原來「髾」的本意，是指婦女髮髻中分出的那絡餘髮，因其纖細飄逸，故被用來形容婦女袿衣下的垂飾。

〔註12〕　〈調琴啜茗圖〉唐周昉作。周昉是中唐畫家，擅長人物畫。〈調琴啜茗圖〉描繪唐代仕女彈古琴飲茶的生活情景。全圖共有五位仕女，圖的重點表現一位紅衣仕女坐在園中樹邊石凳上彈古琴，旁邊茶女端著茶盤恭候。〈調琴啜茗圖〉橫75.3厘米，高28厘米，現藏於美國密蘇里州堪薩斯市納爾遜・艾金斯藝術博物館。
〔註13〕　《六臣注文選》卷十七，北京：中華書局，1987，頁322。
〔註14〕　《史記》卷一一七，北京：中華書局，1972，頁3011～3012。

關於垂鬟髻的來歷，在唐人宇文氏的《妝台記》中有所記述：「漢明帝令宮人梳百合分鬢髻、同心髻。」〔註15〕「分鬢」即為「垂鬟」。類似的記載還見於段成式的《髻鬟品》，不過他認為這種髻式的出現年代不是在漢明帝時，而起自於漢元帝宮中：「漢元帝宮中，有百合鬢髻、同心髻。」〔註16〕兩者所述內容基本相同，僅時代有所差異。孰是孰非，從文字上不易判斷，若結合圖像考察，則容易分清。

六、墜馬髻

魏晉南北朝時期的婦女，仍沿襲著這一習俗。《隋書·禮儀志》中就有「（北朝）宮人及女官服制，⋯⋯八品、九品，俱青紗公服，偏鬢髻」的記載〔註17〕。這種髻式在甘肅嘉峪關關西晉墓壁畫、酒泉丁家閘十六國壁畫及晉代畫家顧愷之所繪〈女史箴圖〉、〈列女仁智圖〉中都有描繪。從圖像上看，過這時期的髮髻在式樣上還有一些新的變化，如髮髻的尾部，除原有的單股外，又增添了雙股、三股及多股等形式，有時還和長鬢、蟬鬢等髮式結合為一體，給人以清新、活潑之感。各代微有變化，但其基本特點，偏側和倒垂的形態未變。墜馬髻一般梳髮方法是將髮攏結，挽結成大椎，在椎中處結絲繩，狀如馬肚，墜于頭側或腦後。

按史籍記載，墜馬髻創自於東漢梁冀妻孫壽之手。如《後漢書·五行志》記：「桓帝元嘉中，京都婦女作愁眉、啼妝、墜馬髻、折要（腰）步、齲齒笑。所謂愁眉者，細而曲折。啼妝者，薄拭目下，若啼處。墜馬髻者，作一邊。⋯⋯始自大將軍梁冀家所為，京都歙然，諸夏皆仿效。」〔註18〕梁冀是順帝、桓帝兩朝皇后之兄，後因桓帝的追究而畏罪自殺，其家屬未能得到寬恕，全部落入「誅夷」之列。《後漢書·五行志》所記「兵馬將往收補，婦女憂愁，蹴眉啼泣」，乃「折其要脊，令髻傾邪（斜）」，顯出一副伏誅之前的淒楚之態〔註19〕。「愁眉」、「啼狀」及「墜馬髻」等妝飾，據說就在這個時候產生。如在西安任家坡西漢墓出土陶俑（如圖3-1-7），湖北江陵鳳凰山出土彩繪木俑（圖3-1-8）上就能見到漢墜馬髻的形象。

〔註15〕 《說郛》卷七十七，清順治三年宛委山堂刊行本。
〔註16〕 同上。
〔註17〕 《隋書》卷十七，北京：中華書局，1975，頁243。
〔註18〕 《後漢書》志十三，北京：中華書局，1965，頁3270。
〔註19〕 同上。

圖　號	3-1-7	3-1-8
說　明	漢墮馬髻的婦女形象	漢墮馬髻的婦女形象
圖　形		
出土地或現藏地	西安任家坡西漢墓出土	湖北江陵鳳凰山出土
出　處	《中國歷代婦女妝飾》頁 26	《中國歷代婦女妝飾》頁 26

　　在唐代，除了梳挽倭墮髻外，也有梳墮馬髻的。白居易詩中就有「金鈿耀水嬉，風流誇墮髻」之語。詩下自注：「貞元末，城中複爲墮馬髻、啼眉妝也。」〔註 20〕其實這個時期的墮馬髻與漢代的墮馬髻在造型上相去甚遠，唐人也弄不清楚墮馬髻爲何種髻式，只是援用一下它的名稱而已。據說在當時還流行過一種名叫「鬧掃」的髮髻，其髮式也和墮馬髻相似。如宇文氏《妝台記》稱：「貞元中，梳歸順髻，帖五色花子，又有鬧掃妝髻。」〔註 21〕

　　中、晚唐時，唐代婦女的髮髻也出現了多種新興的式樣。唐德宗貞元末年，京城長安中流行起墮馬髻。把頭髮挽到頭頂上做成一簇大髻後，使它偏向一側。當時還流行鬧掃妝髻，這是一種非常繁縟的髮式，要在頭頂上做出多重髮髻。在陝西省西安路家灣唐柳昱墓中出土的女俑頭上，可以看到鬧掃妝髻的原型。

　　晚唐張氏女〈夢王尙書口授吟〉詩中也有「鬢梳鬧掃學宮妝」〔註 22〕之語。按唐人白行簡〈三夢記〉：「唐末宮中髻，號鬧掃妝髻，形如焱風散鬢，

〔註 20〕　《全唐詩》卷四三六〈代書詩一百韵寄微之〉，北京：中華書局，1960，頁 4824。
〔註 21〕　《說郛》卷七十七，清順治三年宛委山堂刊行本。
〔註 22〕　《全唐詩》卷八六八，北京：中華書局，1960，頁 9836。

蓋盤鳴、墜馬之類。」將〔註23〕其歸入墜馬髻之例。梳這種墜馬髻的唐代婦女形象，在文物資料中也有所反映，如傳世繪畫〈調琴啜茗圖〉（如圖 3-1-9）、〈揮扇仕女圖〉（如圖 3-1-10）、〈虢國夫人游春圖〉中，都繪有一種斜而下垂的髻式，對照漢代髻式相距甚遠，但與「漢魏故城」所出女俑較爲相近，或就是唐代墜馬髻的遺形。〔註24〕

圖 號	3-1-9	3-1-10
說 明	梳墜馬髻的婦女	梳墜馬髻的婦女
圖 形		
出土地或現藏地	唐 周昉〈調琴啜茗圖〉局部	唐 周昉〈揮扇仕女圖〉局部
出 處	《中國美術全集——繪畫篇（2）》序頁 13	《中國美術全集——繪畫篇（2）》頁 54

七、叢髻、百葉髻

「叢髻」之名也屢見於唐詩。如元稹〈夢游春〉：「叢梳百葉髻，金蹙重台屨。」〔註25〕王建〈宮詞〉中也有「玉蟬金雀三層插，翠髻高叢綠鬢虛」〔註26〕之句。「叢」者，密也；「百葉」，片狀之喻。其梳挽方式是將髮編成數片，由髻心向外輻射，髻根部分扎以繩帶。西安郭家灘唐張堪貢墓出土的陶俑，頭上即作有這種髻式。按王讜《唐語林》中有「唐末婦人梳髻，謂「拔叢」，以亂髮爲胎，垂障於目」〔註27〕的記載。由此推測，當時婦女在作這種

〔註23〕 《唐人說薈》四集，清宣統年間石拓本。
〔註24〕 高春明，《中國服飾名物考》，上海：上海文化出版社，2001，頁 23。
〔註25〕 《全唐詩》卷四二二，北京：中華書局，1960，頁 4635。
〔註26〕 《全唐詩》卷三〇三，上海：上海古籍出版社，1986，頁 762。
〔註27〕 《唐語林》卷七，上海：上海古籍出版社，1978 年，頁 260。

髮髻時，可能還加入了不少假髮。這種髻叢叢叠起，又重重簪插，襯托著層層金玉製作的華麗光彩。這不是春日裡的花叢，這是靈巧的女兒頭上盛開的花瓣，是女兒的心花怒放。唐代佚名（另一說為周昉所作）〈內人雙陸圖〉（如圖3-1-11）中繪幾位進行雙陸游戰的仕女，梳的就是高高的叢髻，錯落有緻，上面插著幾梳梳櫛，正是王建詩意的寫照。

圖 3-1-11：梳叢髻正進行雙陸游戰的仕女

〈內人雙陸圖〉局部，現藏國立故宮博物院

出處：《中國頭飾文化》頁 85

　　百葉髻，是一種分出很多小髮髻的髮式，有叢髻的特點，但又與叢髻分出層次不同。如西安市郭家灘張堪貢墓出土的一件女陶俑，是把黑髮分作數股，由頭頂心向周圍散射開來，確實像一叢葉片。

八、偏髻

　　隋唐的偏髻也稱側髻，如隋代盧思道說「側髻似能飛。」岑參〈後庭歌〉「美人紅妝色正鮮，側垂高髻插金鈿。」偏髻也是類似墮馬髻之類的高髻，側向一邊，似如飛動。墮馬髻則梳成似墮不墮、向一邊伸出的模樣，

和前朝代的墮馬髻有所不同，唐代仕女們騎馬最喜歡梳此種髮型。晚唐畫家張萱表現楊貴妃的姐姐虢國夫人和侍女們出行遊玩的〈虢國夫人游春圖〉〔註28〕（如圖3-1-12），裡邊的女郎們梳的多是這種墮馬髻，可以想像出虢國夫人她們穿著綺羅衣裳，騎著駿馬前進時，這髮髻搖搖而顫不屬的風流。李頎〈緩歌行〉就有「二八蛾眉梳墮馬」之句。由於有秦羅敷〔註29〕梳墮髻的詩句，所以詩人韋莊〈晚春〉詩又稱秦氏髻，有詩句說：「峨峨秦氏髻，皎皎洛川神。」

圖3-1-12：張萱〈虢國夫人游春圖〉裡的女郎們多梳偏髻

出處：《中國美術全集──繪畫篇（2）》頁41

〔註28〕 張萱，唐代開元、天寶間享有盛名的傑出畫家。在當時「唐尚新題」風氣的影響下，畫家採取現實中有典型意義的題材，創作出主題如此突出的傑作，與大詩人杜甫的〈麗人行〉史詩交相輝映，有其深遠歷史意義。原作曾藏宣和內府，由畫院高手摹裝，再現虢國夫人揮鞭驟馬、盛裝出遊，「道路為（之）恥駭」的典型環境。畫面描寫了一個在行進中的行列，人馬疏密有度，以少勝多。作品重人物內心刻劃，通過勁細的線描和色調的敷設，濃豔而不失其秀雅，精工而不流於板滯。原作已佚，摹本猶存盛唐風貌，足堪珍視！此圖在兩宋時為史彌遠、賈似道遞藏，後經台州榷場流入金內府，金章宗完顏璟在卷前隔水題簽，指為宋徽宗趙佶所摹。見《庚子銷夏錄》、《墨緣彙觀》、《石渠寶笈續編》諸書著錄。為流傳有緒的唐宋名跡中稀有瑰寶之一。

〔註29〕 羅敷，是邯鄲城（今河北省邯鄲市邯鄲縣三陵鄉薑窯村）一個姓秦的農家女，以採桑為生，大約生活在漢末至三國時期。她忠於愛情，熱愛家鄉、熱愛生活，是古趙邯鄲美女的代表。作為邯鄲歷史文化的著名典故之一，她的故事被廣為傳頌，為樂府〈陌上桑〉的主人公，在〈孔雀東南飛〉中代指美女。

第二節 高 髻

　　高髻是各類梳挽在頭頂的髮髻的統稱。從考古發現的文物資料來看，早在戰國時期，這種髻式已經出現。山東臨淄郎家莊、山西長治分水嶺等地戰國墓出土的陶俑中，都有梳高髻的婦女形象，其身份以舞女為多。

　　唐代是高髻盛行的時期，僅《妝台記》、《髻鬟品》、《炙轂子》、《新唐書》及《中華古今注》等書所提到的髮髻名稱，就有雲髻、螺髻、峨髻、鳳髻、叢髻、半翻髻、反綰髻、驚鵠髻、交心髻、三角髻、烏蠻髻、回鶻髻、長樂髻、百合髻、歸順髻、平蕃髻、愁來髻、樂游髻及雙鬟望仙髻等，如果加上唐人詩詞中的記載，至少有幾十種之多。這些髻名取義廣泛，有些與當時社會的政治有關，如歸順髻、平蕃髻等；有些屬宮女所創，以宮殿為名，如樂游髻、長樂髻等；有些則取式於少數民族髮式，以該民族命名，如烏蠻髻、回鶻髻等；然而更多的髻名，則根據髮髻的造型而定。

一、驚鵠髻

　　驚鵠髻的前身是驚鶴髻。驚鶴髻流行於魏晉南北朝時期，它的樣式在傳世畫跡中也可找到，如甘肅天水麥積山北魏壁畫伎樂天〔註30〕的髮髻，作兩扇羽翼形，似鶴鳥受驚展翅欲飛，是為典型的驚鶴髻實例。到唐代這種類型的髮髻在婦女中仍很流行，至今在一些圖像中仍可看到。

　　依上所述，驚鵠髻早在魏晉時期即已經出現，到了唐代仍被採用。《髻鬟品》：「長安城中，有盤桓髻、驚鵠髻。」〔註31〕其梳挽方式是將頭髮攏至頭頂，編梳成左右兩翼，頗似鶴鳥受驚，振翅欲飛。陝西乾縣永泰公主墓出土（如圖 3-2-1）的石槨線刻上，即繪有這種髮髻的女子形象。日本天理參考館藏唐三彩架鳥女子（見圖 3-2-3）梳驚鵠髻，穿大翻領窄袖衫，內穿中腰直身裙，小口褲，翹尖履男裝的婦女形象。

〔註30〕 伎樂天是佛教中的香音之神。在敦煌壁畫中伎樂天亦指天宮奏樂的樂伎。梵音「提婆」，意為「天」。在佛教中，所謂「天」，主要是指有情眾生因各自所行之業所感得的殊勝果報。如六道（天、人、阿修羅、地獄、餓鬼、畜生）、十界（前六道「凡界」再加聲聞、緣覺、菩薩、佛四類「聖界」）中的天道、天界。這時的天稱為「天人」或「天眾」，而並非指自然界的天。佛教認為天是有情眾生的最妙、最善、也是最快樂的趣處，只有修習十善業道者才能投生天部。

〔註31〕 《說郛》卷七十七，清順治三年宛委山堂刊行本。

圖 號	3-2-1	3-2-2	3-2-3
說 明	梳驚鵲髻的婦女	梳驚鵲髻的婦女	梳驚鵲髻的婦女
圖形			
出土地或現藏地	永泰公主墓出土 石槨線刻	華北地區唐墓出土	現藏日本天理參考館
出 處	《中國歷代婦女妝飾》頁22	《中國歷代婦女妝飾》頁29	《服飾中華——七千藝術巨作（夏商周～隋唐五代之卷)》頁212

二、雲髻

　　所謂雲髻，顧名思義當指一種雲狀的髮髻。這種髮髻的樣式，在唐當時仍很流行，如閻立本所繪〈步輦圖〉（如圖3-2-6）上給唐太宗擡著步輦的宮女，畫中九位宮女髮髻完成相同，頭髮向兩邊分開成波浪狀，額髮也修成雲狀，可視爲雲髻的典型樣式。此圖畫的是唐貞觀十五年（641年），吐蕃使者祿東贊前往長安，迎文成公主入藏，受到唐太宗接見的故事。打扇、擡輦的宮女，頭梳平雲髻，身穿襦裙，內著小口褲。李壽墓壁畫中的樂伎（如圖3-2-4）也梳這種髮型。白居易有「行搖雲髻花鈿節」〔註32〕的詩句，來描寫當時梳雲髻的婦女。

　　雲髻早在三國時就出現，歷經晉六朝的遞嬗，一直沿用到唐代。唐人詩文中常有吟誦。如劉方平〈新詩〉：「眠罷梳雲髻」〔註33〕；鄭鏦〈婕妤怨〉：

〔註32〕白氏長慶集（四庫全書本）卷一五，https://zh.wikisource.org/wiki/%E7%99%BD%E6%B0%8F%E9%95%B7%E6%85%B6%E9%9B%86_（%E5%9B%9B%E5%BA%AB%E5%85%A8%E6%9B%B8%E6%9C%AC），2018.06.17。
〔註33〕《全唐詩》卷二五一，北京：中華書局，1960，頁2838。

「寶葉隨雲髻」〔註34〕；顧敻〈虞美人〉：「膩枕堆雲髻」〔註35〕；孫棨〈贈妓人王福娘〉：「雲髻仙衣紅玉膚」〔註36〕；白居易〈醉後題李馬二妓〉：「行搖雲髻花鈿節」〔註37〕；施肩吾〈妓人殘妝詞〉：「雲髻已收金鳳凰」〔註38〕以及《敦煌曲子詞集》〔註39〕有「珠含碎玉，雲髻婆娑」的唱詞等等。這個時期的雲髻樣式，在初唐畫家閻立本所繪的〈步輦圖〉（如圖3-2-6）裡反映得比較具體。另在敦煌莫高窟第305窟的中心柱壁畫（見圖3-2-5）上，貴婦頭梳雲髻，上襦領口、袖口皆緣飾，裙擺曳地，外披袍，應為隋朝貴婦常服。

圖　　號	3-2-4	3-2-5	3-2-6
說　　明	梳平雲髻的僕侍陶俑群	梳驚鵠髻的婦女	頭梳平雲髻的宮女
圖形			
出土地或現藏地	現藏河南博物院藏	敦煌莫高窟305窟中心柱壁畫	閻立本〈步輦圖〉局部（現藏故宮博物院）
出　　處	《服飾中華——七千藝術巨作（夏商周～隋唐五代之卷）》頁191	《中國服飾造型鑒賞圖典》頁101	《中國美術全集——繪畫篇（2）》頁6

〔註34〕　《全唐詩》卷七六九，北京：中華書局，1960，頁8731。
〔註35〕　《全唐詩》卷八九四，北京：中華書局，1960，頁8328。
〔註36〕　《全唐詩》卷七二七，北京：中華書局，1960，頁10104。
〔註37〕　《全唐詩》卷四三八，北京：中華書局，1960，頁4876。
〔註38〕　《全唐詩》卷四九四，北京：中華書局，1960，頁5597。
〔註39〕　上世紀初，大量五代寫本被發現於甘肅敦煌莫高窟（又稱千佛洞）。隨之而重新問世的唐代民間詞曲，或稱為敦煌曲子詞，或稱為敦煌歌辭。它們是千年詞史的椎輪大輅，內容廣泛，形式活潑，風格繁富，有鮮明的個性特徵和濃郁的生活氣息，反映了詞興起於民間時的原始形態。敦煌詞的輯本，有王重民的《敦煌曲子詞集》，饒宗頤的《敦煌曲》，任二北的《敦煌歌辭總集》等。

三、半翻髻、反綰髻

半翻髻係初唐時期的一種高髻。宇文氏《妝台記》稱:「唐武德中,宮中梳半翻髻」〔註40〕;段成式《髻鬟品》〔註41〕也稱:「高祖宮中有半翻髻。」〔註42〕這種半翻髻的樣式,在唐人繪圖畫、石刻及泥塑中有大量反映,其形狀宛如翻卷的荷葉。這是一種把頭髮梳由下而上,至頂部突然翻轉倒捲下來的高髻,並有明顯的傾斜趨勢。這種髮髻早在隋代時就已經出現,名「翻荷髻」。唐劉存《事始》:「煬帝令宮人梳迎唐髻,插翡翠釵子,作白妝;又令梳翻荷髻。」〔註43〕又《髻鬟品》:「煬帝宮有迎唐八鬟髻,又梳翻荷髻。」〔註44〕在唐代所有的高髻之中,半翻髻是最為高大的一種髮髻。據《舊唐書·令狐德棻傳》記載:武德五年(622年),唐高祖李淵曾向德棻提出過「婦人髻竟為高大,何也」〔註45〕的問題,當時所說的高髻,或即是半翻髻。值得注意的是,畫有或塑有這種髻式的文物,絕大多數都是初唐時期的遺物,如陝西咸陽底張灣出土的陶俑,年代是貞觀十六年(642年)〔註46〕;陝西醴泉阿史那忠墓出土的陶俑,年代是永徽四年(653年)〔註47〕;醴泉鄭仁泰墓出土的陶俑,年代是麟德元年(664年)〔註48〕等等。尤為難得的是,湖南長沙咸嘉湖唐墓出土的高髻陶俑,可將時間確定在武德年間,與史志所記載的時間相符。

新疆阿斯塔那 188 號唐墓中,出土了一件典型的唐代仕女形象女俑(見圖 3-2-7)。這件女俑通高 24 釐米,上肢缺失,以木作胎雕刻而成,是一位唐朝高貴而華貴的美女形象,她神態雍容,頭挽初唐時期最流行的半翻髻,髮髻上用金色繪出了華麗的卷草紋做以裝飾。

〔註40〕 《說郛》卷七十七,清順治三年宛委山堂刊行本。

〔註41〕 《髻鬟品》,唐段柯古撰。段成式,字柯古,河南人,世客荊州,宰相文昌之子也。以蔭為校書郎。研精苦學,秘閣書籍,披閱皆遍,歷尚書郎、太常少卿,連典九江、縉雲、盧陵三郡。坐累,退居襄陽。集七卷,今編詩一卷。

〔註42〕 《說郛》卷七十七,清順治三年宛委山堂刊行本。

〔註43〕 《說郛》卷十,上海:上海商務印書館,1927。

〔註44〕 《說郛》卷七十七,清順治三年宛委山堂刊行本。

〔註45〕 《舊唐書》卷七十三,北京:中華書局,1975,頁2596。

〔註46〕 參見王去非,〈四神、巾子、高髻〉,《考古通訊》1956年第5期,頁50。

〔註47〕 〈唐阿史那忠墓發掘簡報〉,《考古》1977年第2期,頁132。

〔註48〕 〈唐鄭仁泰墓發掘簡報〉,《文物》1972年第7期,頁33。

圖 3-2-7：梳半翻髻的唐代仕女

新疆阿斯塔那 188 號唐墓
出處：出處：《中國歷代婦女妝飾》頁 50

　　湖南長沙女瓷俑（見圖 3-2-8）就是梳著這類髮髻的仕女。梳裡時是把頭髮集在頭頂，用帛帶束住髮束，再朝前或朝後翻綰。有的還梳成雙髻後翻之形，又稱雙刀半翻髻。頭髮很長的女子，還有梳理成半翻髻後把餘髮長長地垂掛在腦後的。這種髮髻很有高聳俊偉的氣概。敦煌莫高窟 375 窟隋供養人壁畫（見圖 3-2-9）中，梳單刀半翻髻，穿短袖小衫、高腰寬擺長裙，披朱紅帔帛，手執供養花，腳穿平底尖頭履的形象。

圖　號	3-2-8	3-2-9
說　明	半翻髻的初唐婦女	梳單刀半翻髻的婦人
圖　形		
出土地或現藏地	湖南省長沙市咸嘉湖唐墓出土陶俑	敦煌莫高窟375窟隋供養人壁畫
出　處	《中國歷代婦女妝飾》頁28	《服飾中華──七千藝術巨作（夏商周～隋唐五代之卷)》頁189

圖　號	3-2-10	3-2-11	3-2-12
說　明	梳半翻髻的婦人	左梳單刀半翻髻，右梳雙刀半翻髻	梳反綰髻的婦女
圖　形			
出土地或現藏地	陝西西安王家墳出土	陝西西安出土隋彩繪女俑	江蘇揚州城東林莊唐墓出土陶俑
出　處	《服飾中華──七千藝術巨作（夏商周～隋唐五代之卷)》頁214	《服飾中華──七千藝術巨作（夏商周～隋唐五代之卷)》頁190	《中國歷代婦女妝飾》頁29

　　陝西西安王家墳出土唐三彩女樂俑（見圖 3-2-10），梳單刀半翻髻，穿露胸 U 字領半臂、高腰錦裙、笏頭履。另 1952 年陝西省西安市出土隋彩繪女俑（見圖 3-2-11），左梳單刀半翻髻，右梳雙刀半翻髻；均穿小袖衫、高腰裙，緊身合體。

　　反綰髻也是一種高髻。梳挽時編髮髮於顱後，集為一束，然後由下反綰於頂。相傳反綰髻出現於三國時。唐劉存《事始》：「魏武帝令宮人梳反綰髻，插雲頭釵篦。」〔註49〕至唐尤為盛行。《妝台記》裡就有「唐武德中，宮中梳半翻髻，又梳反綰髻」〔註50〕的記載。又唐人顧況〈險竿歌〉中有「宛陵女兒擘飛手，長竿橫空上下走。……翻身掛影姿騰蹋，反綰頭髮盤旋風」〔註51〕之句。由此可見，這種髻式與普通高髻的不同之處，在於將頭髻反綰至頂後，還須用繩帶、簪釵等固定，使之貼緊，不然則不便於作「翻身」、「騰蹋」等動作。江蘇揚州城東林莊唐墓（見圖 3-2-12）所出女俑，即作這種髻式。類似的圖像，還見於永泰公主墓出土的石槨線刻畫（見圖 3-2-13）、湖南長沙等地唐墓。

圖 3-2-13：梳反綰髻的侍女，陝西乾縣永泰公主墓出土的石槨線刻畫

〔註49〕　《說郛》卷十，上海：上海商務印書館，1927 年挑印本。

〔註50〕　《說郛》卷七十七，清順治三年宛委山堂刊行本。

〔註51〕　《全唐詩》卷二六五，上海：上海古籍出版社，1986 年，頁 661。

四、螺髻

螺髻本是兒童髮式，因其形似螺殼而得名。晉崔豹《古今注》：「童子結髮，亦謂螺結，謂其形似螺殼。」〔註52〕即謂此。至唐代，成年婦女也開始梳起這種髮髻。唐蘇鶚《杜陽雜編》：「中有二人，形眉端秀，體質悉備，螺髻瓔珞。」〔註53〕和凝〈宮詞〉中也有「螺髻凝香曉黛濃」〔註54〕之句。螺髻的樣式，在出土文物中大量反映，如山西太原金勝村唐墓出土的壁畫、陝西乾縣永泰公主墓出土的石槨線刻（見圖 3-2-14）及新疆吐魯番阿斯塔那唐墓出土的帛畫等，都繪或刻有梳挽螺髻的婦女形象。

圖 3-2-14：梳螺髻的婦女

陝西乾縣永泰公主墓出土，石槨線刻
出處：《中國歷代婦女妝飾》頁 22

這是唐代較爲流行的一種髮髻。其具體梳法是，先用絲線將頭髮束縛起來，再盤捲如同「螺殼」狀，俯臥於頭頂，大有安閒、欲睡之意，有似古代龍盤髻。這種髮式，據說原爲佛祖釋迦牟尼形象的髮髻形式。白居易〈繡阿彌陀佛贊（並序）〉〔註55〕有「金身螺髻，玉毫紺目。」之語。唐初帝王崇信佛教，到了武則天時期更盛。如果螺髻垂在額頭，稱「垂髻」。張先〈減字木蘭花〉〔註56〕詞：「垂螺近額。走上紅裀初趁拍。」頭頂兩側分別挽有螺髻，稱「雙螺」。

〔註52〕 《古今注》卷中，掃葉山房石印本，1919 年。

〔註53〕 《杜陽雜編》卷中，《筆記小說大觀》第 1 冊，江蘇：廣陵古籍刻印社，1983 年，頁 148。

〔註54〕 《全唐詩》卷七三五，北京：中華書局，1960 年，頁 8393。

〔註55〕 《全唐文》卷六百七十七，白居易〈繡阿彌陀佛讚（並序）〉：「繡西方阿彌陀佛一軀，女弟子京兆杜氏奉爲皇姒範陽縣太君盧夫人八月十一日忌辰所造也。五彩莊嚴，一心恭敬，願追冥福，誓報慈恩。讚曰：善始一念，千念相屬。繡始一縷，萬縷相續。功績成就，相好具足。金身螺髻，玉毫紺目。報周極恩，薦無量福。」

〔註56〕 宋 張先〈減字木蘭花〉「垂螺近額。走上紅裀初趁拍。只恐輕飛。擬倩游絲惹住伊。文鴛繡履。去似楊花塵不起。舞徹伊州。頭上宮花顫未休。」張先（公元 990～1078）字子野，人稱「張三影」（因在三處善用「影」字）。其詞語言工巧，喜作慢詞，對詞的形式發展起過一定作用。有《張子野詞》。

五、雙鬟望仙髻

唐代梳環形的鬟髻很流行。一般少女都是梳雙鬟髻，出嫁後才梳高髻。白居易〈井底引銀瓶〉[註57] 詩描寫一位女孩和愛人私奔，其中有「嬋娟兩鬟秋蟬翼」、「暗合雙鬟逐君去」的句子。這位情竇未開的女孩，梳著雙鬟蟬翼；一旦遇到令她傾心的少年，就把雙鬟合攏，梳成一個髮髻，和愛人一起，走向新的生活。在古代的壁畫上也能看見雙鬟的少女。

雙環望仙髻也是一種高髻，據說產生於盛開元年間，在湖北武昌114號、146號及446號唐墓所出土的陶俑、河南省孟津縣送莊鄉西山頭村岑氏墓（見圖3-2-15）及陝西西安唐墓的壁畫都見有這種髮髻實例。從圖像看，這種髮髻的梳結方式是由正中分髮，將頭髮分成兩股，先在頭頂兩側各紮一結，然後將餘髮彎曲成環狀，並將髮梢編入耳後髮內。梳這種形式的髮髻以少女為多，中年以上婦女似不多見。

1991年河南省孟津縣送莊鄉西山頭村岑氏墓出土武則天大足元年（701年）的女舞俑（見圖3-2-15），梳雙鬟望仙髻，內穿圓領大袖口衣衫，外罩翻領對襟半臂，寬帶束胸，下穿黑與銀灰相間的豎條襉裙及中間開衩的短裙，腳穿圓頭履。

少女也有作高髻而兩邊梳雙鬟的，稱雙鬟望仙髻，可能是從顧愷之〈洛神賦圖〉[註58] 中那一類雙鬟發展而來。舞女常喜歡梳，未婚少女也梳這種雙鬟，更顯得活潑伶俐。《妝台記》[註59] 說：「開元中梳雙鬟望仙髻。」西安唐代李爽墓[註60] 出土的陶俑中有一名少女（見圖3-2-16），就是梳這種髮髻。

[註57] 〈井底引銀瓶〉是唐代詩人白居易所創作的一首中長篇敘事詩，是白居易詩作中流傳最廣的名篇之一。在封建社會中，淫奔往往是一種自由戀愛的大膽行動，為習俗所不容，為輿論所不許。詩人既不否定封建禮教，但又對唐朝女子因自由戀愛而受到封建倫理宗法迫害的愛情悲劇深表同情。為勸勉女子遵守習俗，避免受到倫理宗法迫害而作此詩。

[註58] 〈洛神賦圖〉，相傳是東晉名畫家顧愷之根據曹植文學作品〈洛神賦〉的故事情節所創作的故事畫。曹植原文借對夢幻之鏡中人神戀愛的追求，抒發了愛情失意的自我感傷。

[註59] （清）張廷華，《香艷叢書》三集卷一。

[註60] 唐李爽墓壁畫，是墓址在陝西西安市城南的羊頭鎮村西曲江池遺址南岸上。該畫殘存壁畫25幅，較完整的有16幅。墓道進口處東壁，殘留6個著烏皮靴的人的下半身。甬道口外東西牆壁上用朱紅色繪宮殿。由甬道口向內，東壁畫面依次為執笏躬身男文吏、執笏直立女子、執拂塵女子、吹簫男樂人、執拂塵女子、執團扇女子。

圖 號	3-2-15	3-2-16	3-2-17
說 明	梳雙鬟望仙髻的舞女	梳雙鬟望仙髻的婦女	梳飛天鬟髻女舞俑
圖 形			
出土地或現藏地	河南省孟津縣送莊鄉西山頭村岑氏墓出土	陝西西安羊頭鎮唐李爽墓出土壁畫	陝西長武縣棗元鄉郭村出土
出處	《服飾中華——七千藝術巨作（夏商周～隋唐五代之卷）》頁219	《中國歷代婦女妝飾》頁30	《服飾中華——七千藝術巨作（夏商周～隋唐五代之卷）》頁220

　　王建〈白紵歌〉〔註61〕詩：「低鬟轉面掩雙袖，玉釵浮動秋風生。」少女在王宮中起舞，她低垂的雙鬟隨著舞步轉動，髮際簪插的玉釵也隱約閃現著光彩。在鬟髻上都要加上飾物。「麗人綺閣情飄飄，頭上鴛釵雙翠翹。低鬟曳袖回春雪，聚黛一聲愁碧霄。」這是韋應物〈長安道〉詩中描寫的盛唐佳人。她行走在華麗的閨閣裡，心旌搖盪，她是思念遠方的愛人，還是悲嘆自己青春不再而愛人未曾出現？她把象徵愛情的鴛鴦釵和雙翠翹插上鬟髻，來表達自己的心事。

〔註61〕　〈白紵歌〉詩：「天河漫漫北斗粲，宮中烏啼知夜半。新縫白紵舞衣成，來遲邀得吳天迎。低鬟轉面掩雙袖，玉釵浮動秋風生。酒多夜長夜未曉。月明燈光兩相照，後庭歌聲更窈窕。」

　　還有把假髮充進去，以金屬絲爲骨架的大鬟，鬟中有骨架支撐，稱爲梁，並插上花鈿、簪釵等，極爲華貴。詩人段成式〈柔卿解籍戲呈飛卿〉〔註62〕就是詠這種髮型。詩裡寫的柔卿原是一位歌女，和段成式的好友溫庭筠相戀，但是好事多磨，柔卿是歌伎的身份，無法和溫庭筠相聚。經過一番努力，柔卿才得以脫出歌伎之籍，和溫庭筠長相廝守。所以段成式寫詩祝賀，詩歌裡描述柔卿的髮式和裝扮說「出意挑鬟一尺長，金爲鈿鳥簇釵梁。郁金種得花茸細，添入春衫領裡香。」這位美麗的女子，頭上有一尺多寬的大鬟，有金質的花鈿和鳥雀形釵，她穿的柔薄的春日衣衫中又透出融融馨香。這麼大的髮鬟，也不是詩人的誇張。在 1985 年陝西長武縣棗元鄉郭村唐龍朔三年（663 年）泉州刺史張臣合墓出土的一件彩繪貼金舞唐三彩女俑（見圖 3-2-17）上，能看見這種寬達一尺多的飛天環鬟，從中可以想見千百年前那位歌女柔卿的魅力，也可以感受到唐代女子不凡的胸襟。

　　「雙鸞開鏡秋水光，解鬟臨鏡立象床。一編香絲雲撒地，玉釵落處無聲膩。纖手卻盤老鴉色，翠華寶釵簪不得。春風爛漫惱嬌慵，十八鬟多無氣力。」這是李賀寫給妻子的一往情深的〈美人梳頭歌〉句子，慵懶春天的少婦在鏡前解開黑鴉色的頭髮，雖然她是立在床上，濃密的黑髮仍帶著髮香撒垂下來，直撒到地上。她的纖纖素手梳理黑髮，緩緩盤結成鬟，那髮鬟竟有十八環之多。

　　新疆阿斯塔那 206 號唐墓中，從該墓出土的墓誌銘，得知墓主人是張雄夫婦。張雄，字太歡，祖籍河南南陽，爲避中原戰亂，經河西遷至高昌國已有數代，世與高昌王族麴氏互通婚姻。張雄的夫人麴氏死後被唐朝授予「永安太郡君」的榮譽稱號，以表彰張家兩代人對國家的貢獻。張雄死於 633 年，麴氏死於 688 年，二人相隔五十五年而合葬在同一墓葬，張雄夫婦合葬墓中出土的大

圖 3-2-18：梳雙環望仙髻的女舞俑

新疆阿斯塔那 206 號唐墓

〔註62〕　〈柔卿解籍戲呈飛卿〉原文爲「長擔犢車初入門，金牙新醞盈深樽。良人爲漬木瓜粉，遮卻紅腮交午痕。最宜全幅碧鮫綃，自襞春羅等舞腰。未有長錢求鄴錦，且令裁取一團嬌。出意挑鬟一尺長，金爲鈿鳥簇釵梁。郁金種得花茸細，添入春衫領裡香。」

批珍貴文物，對研究吐魯番地區的政治、經濟、文化等方面具有非常重要的意義。這些精美的陪葬品從不同的層面體現了唐代西域地區多元文化並存的歷史現實。張雄墓出土的這件女舞俑（見圖 3-2-18），通高 35.7 釐米，為半身木胎俑。該女俑梳著具有典型唐朝風格的雙環望仙髻，圓潤的臉龐顯露出溫柔羞澀的表情，寬眉、杏眼、櫻桃朱唇和秀美的鼻子組成了她完美的五官。

雙鬟望仙髻的產生，可一直追溯到隋代，湖北武漢東湖岳家嘴隋墓出土的女侍俑，其髮式與此完全相同〔註 63〕。西安羊頭鎮李爽墓壁畫所繪侍女，也梳這種髻式。因為在該墓中見有墓志，故知墓葬的確切年代為唐高宗總章元年（668 年），比《妝台記》的記載還要早一些時間。

六、三角髻

三角髻是民間傳說上元夫人所梳的一種髮髻。班固《漢武帝內傳》:「夫人年可廿餘，天姿清輝，靈眸絕朗，服赤霜之袍，六彩亂色，非錦非繡，不可名字。頭作三角髻，餘髮散垂至腰。」〔註 64〕唐代婦女根據傳說模擬此髻，髮髻作成三搭，分列於頭部三處而得名。將髮分為四組，前髻部分編為一髻，左右兩側各作一髻垂於耳際，腦後之髮則任其下垂。上元夫人〔註 65〕梳的三角髻，李白〈上元夫人〉詩:「上元誰夫人，偏得王母嬌。嵯峨三角髻，餘髮散垂腰。」〔註 66〕亦謂此。李憲墓壁畫中有一位女官，呈側面姿態，可見到她頭梳三角髻，背後有餘髮散垂，用帛帶繫著。也有一種三角髻，類似於宋代蘇漢臣的〈冬日嬰戲圖〉（見圖 3-2-19）裡女孩子梳的髮型。婦人把頭髮分

〔註 63〕 參見〈武漢市東湖岳家嘴隋墓發掘簡報〉插圖五四，《考古》1983 年第 9 期。

〔註 64〕 《漢武帝內傳》，商務印書館叢書集成初編本，1937 年，頁 7。

〔註 65〕 《漢武帝內傳》中記載：上元夫人，道君弟子也。亦玄古以來得道，總統真籍，亞於龜台金母。武帝元封元年七月七日，王母下降，言修真之道。將別，帝扣頭請留，王母乃遣侍女郭蜜香與上元夫人相問，請其下凡。須臾，上元夫人遣侍女報雲:「阿環再拜。先被太帝君敕，使詣玄洲，校定天元。還便束帶，願暫少留。」帝因問王母:「不審上元何真也?」王母曰:「是三天上元之官，統領十萬玉女名錄者也。」俄而夫人至，王母又曰:「此真元之母，尊貴之神女，當起拜。」描述上元夫人在女仙中的地位僅次於王母，是統領十萬玉女的尊貴女仙。王母乃命侍女郭蜜香邀請上元夫人降臨於漢宮，傳授漢武帝長生修仙之道。《歷世真仙體道通鑑》後集卷之三，《太平廣記》卷五六「上元夫人」詞條也有記載。

〔註 66〕 《全唐詩》卷一八一，北京：中華書局，1960 年，頁 1846。

為四組，一組任其下垂於腦後，一組編髻垂於耳邊。河南洛陽澗西谷水唐墓出土一件三彩女陶俑（見圖 3-2-20）即作此髻。

圖　號	3-2-19	3-2-20
說　明	梳三角髻的小女孩	梳三角髻的婦女
圖形		
出土地或現藏地	宋蘇漢臣〈冬庭嬰戲圖〉局部（現藏故宮博物院）	洛陽澗西谷水第 6 號唐墓出土
出　處	《東方畫譜‧宋代人物篇：冬日嬰戲圖》	《中國歷代婦女妝飾》頁 29

七、鳳髻

　　在新疆阿斯塔那 188 號唐墓葬出土了一件彩繪木身鷹髻（或鳳髻）泥首仕女俑（見圖 3-2-21），通高 16.5 釐米。木雕而成，無四肢，頭頂飾有一隻金色的雄鷹，呈展翅狀。

　　與驚鵠髻取意相同的髻式，唐代還有鳳髻。五代馮延巳〈如夢令〉：「鳳髻不堪重整。」〔註 67〕；歐陽炯〈風樓春〉：「鳳髻綠雲叢」〔註 68〕；劉禹錫〈和樂天柘枝〉：「松鬢改梳鷥鳳髻」〔註 69〕等，都是對這種髮髻的形容。所謂「鳳髻」，顧名思義，當指飛鳳狀高髻，或者在髻上插以鳳凰形首飾。陝西西安唐墓出土的三彩俑（見圖 3-2-22）及甘肅敦煌莫高窟唐代壁畫中，都繪有作這種髻式的婦女。例如瓜州節度使曹元忠的姐姐就梳有一個巨大的鳳凰形髮髻（見圖 3-2-23），或是用細繩和髮膠之類縛黏成，或是假髮髻，上飾珠玉。五代時，前蜀王建墓出土的石棺床上有女樂伎俑，頭上有梳鷥鳳髻的，是把

〔註 67〕　《全唐詩》卷八九八，上海：上海古籍出版社，1986 年，頁 2185。
〔註 68〕　《全唐詩》卷八九六，上海：上海古籍出版社，1986 年，頁 2181。
〔註 69〕　《全唐詩》卷三六〇，上海：上海古籍出版社，1986 年，頁 900。

頭髮編成鸞鳳的首、翅膀、身子和尾翎。自然，梳時應很費工夫，要利用細鐵絲來繞縛。

圖 號	3-2-21	3-2-22
說 明	梳似鳳髻的婦女	梳鳳髻的婦女
圖 形		
出土地或現藏地	阿斯塔那 188 號唐墓葬出土	陝西西安唐墓出土三彩俑
出 處		《服飾中華──七千藝術巨作（夏商周～隋唐五代之卷）》頁 219

圖 3-2-23：梳鳳髻的婦女

敦煌莫高窟 61 窟五代歸義軍節度使曹元忠夫人潯陽翟氏和曹母及姐姐供養像
出處：《服飾中華──七千藝術巨作（夏商周～隋唐五代之卷）》頁 218

八、交心髻

　　交心髻也是一種高髻。《楊太眞外傳》〔註 70〕：「玄宗在東都，夢一女，容貌豔異，梳交心髻，大袖寬衣，拜於床前。」〔註 71〕記載唐玄宗夢見了一位龍女，請她演奏音樂，龍女是「容貌豔異，梳交心髻，大袖寬衣」。《太平廣記》卷四二〇輯〈逸品〉也有相同的記載。這種髮髻的梳挽方式是集髮於頂，分為兩股，編挽時兩相糾結，呈交叉之狀。陝西乾縣永泰公主墓出土的壁畫（見圖 3-2-24）、石刻及河南洛陽孟津唐墓出土的陶俑中，都繪刻有梳這種髮髻的婦女形象。

圖 3-2-24：右二為梳交心髻的侍女

陝西乾縣永泰公主墓出土
出處：《大唐壁畫》頁 24

〔註 70〕　《楊太眞外傳》，簡稱《太眞外傳》，樂史的傳奇作品，取材於白居易《長恨歌》與陳鴻《長恨歌傳》，是敘述唐明皇與其貴妃楊太眞的故事，作者採納唐朝、五代的各種民間小說筆記中紀錄的逸事或靈異傳聞等全部集錄，是一篇知名的小說。
〔註 71〕　《開元天寶遺事十種》，上海：上海古籍出版社，1985 年。頁 135。

九、回鶻髻

　　唐代仕女喜歡吸收少數民族文化來裝飾自己的髮髻。除圓環椎髻外，還有回鶻髻，吸收的是回鶻族女子的髮髻式樣。回鶻〔註72〕髻是一種少數民族髮髻，它的形制在甘肅安西榆林窟壁畫（見圖 3-2-25）上反映得比較具體。那是一組供養人形象，據壁上題記，畫中的女主人為五代「回鶻國聖天公主曹夫人〔註73〕」，她的髮髻集束於頂，被一頂桃形冠帽罩住，僅露出紮著紅色絹帶的髻根，可明顯看到結扎在髻根部位的紅絹。在夫人身後，還站著一些侍女，其中一位也梳著這種髮髻，由於她未戴冠帽，髮髻的形制顯示得比較清楚。《新五代史·回鶻傳》稱：「婦人總髮為髻，高五六寸，以紅絹囊之；既嫁，則加氈帽。」〔註74〕對照文獻記載，說的正是這種髮式。受回鶻族風俗的影響，漢族婦女也梳此髻，有的還在原來基礎上進一步加工，成為一種新型的髮式。敦煌莫高窟 61 窟東壁壁畫（見圖 3-2-26、3-2-27）、李賢墓壁畫〈觀鳥捕蟬圖〉（見圖 3-2-28）中的兩位宮女，頭上梳的正是回鶻髻的模樣。

〔註72〕 回鶻，亦稱袁紇、烏護、烏紇，隋朝時又稱韋紇，唐朝前期音譯為回紇，元朝稱畏兀兒。以上譯名的變化是由於中文本身的語音變化造成的，而在不同時期的突厥語文獻中，此族名均無變化，今日的維吾爾也是該族名的一個最晚近的譯音。回紇人在唐德宗貞元四年（788 年）要求將其漢字改為「回鶻」，象其族有「鶻隼」般的勇猛，因而唐中期以後便稱其作回鶻人。當時的吐蕃人則把回鶻人和之前的突厥、之後的蒙古等遊牧民族統稱為霍爾。回紇原是鐵勒一部，與僕骨、同羅、拔野古等部一樣；後來回紇強大，遂將這些源自鐵勒的部族統稱為外回鶻。回紇（回鶻）是裕固族、維吾爾族以及回族等族的宗源之一，回回一詞即為回鶻的轉音。在七世紀初期，回紇在唐朝的北方建立政權，對中國歷史有深遠的影響。公元 744 年，回紇懷仁可汗聯合唐朝擊敗後突厥，一統北方草原鐵勒諸部。

〔註73〕 五代後晉天福三年，敕封李聖天為「大寶于闐國王」。史料記載，李聖天是沙州（敦煌）最高統治者曹議金的女婿，敕封後，他和夫人曹氏在莫高窟曹議金建造的佛窟中畫了他們的供養像。畫像頭戴冕旒，穿龍袍，和漢家天子沒有兩樣。

〔註74〕 《新五代史》卷七十四，北京：中華書局，1974 年，頁 916。

圖 3-2-25：「回鶻國聖天公主曹夫人」畫像

敦煌榆林窟〔註75〕61 窟東壁南、南壁狀況及壁畫

出處：《服飾中華──七千藝術巨作（夏商周～隋唐五代之卷）》頁 218

〔註75〕 榆林窟位於中國甘肅省瓜州縣（原名安西縣）城南約 70 公里的榆林河峽谷中，
1961 年被列爲第一批全國重點文物保護單位。敦煌石窟的重要組成部分，與
莫高窟並稱爲姊妹窟。榆林窟開鑿在榆林河峽谷兩岸的斷崖上，又稱萬佛峽，
現存洞窟四十三個，其中東崖三十二窟，西崖十一窟。因無史料記載，創建
年代無從考證，從洞窟形制及壁畫風格推斷，當不晚於莫高窟。其歷史價值
與藝術價值在中國唐至元代的石窟寺中具有重要地位。

圖　號	3-2-26	3-2-27
說　明	梳回鶻髻、戴金鳳冠的晚唐貴婦	梳回鶻髻的于闐公主
圖形		
出土地或現藏地	甘肅安西榆林窟壁畫（張大千臨摹）	敦煌莫高窟 61 窟東壁壁畫
出　處	《中國歷代婦女妝飾》頁 31	《中國服飾造型鑒賞圖典》頁 127

圖 3-2-28：李賢墓壁畫〈觀鳥捕蟬圖〉，位於該墓前墓室的西壁南側

出處：《大唐壁畫》頁 44

　　回鶻髻原是回鶻族婦女的髮髻樣式。回鶻族即現在維吾爾族的前身。在唐朝開元年間，回鶻族政權曾一度是北方最強盛的少數民族政權。他們與漢族之間的交往非常密切，回鶻族的生活習俗及衣冠服飾對漢族人民曾帶來很大影響，尤其是漢族的貴族婦女及宮廷婦女，都喜歡模仿回鶻族婦女的服飾。

五代花蕊夫人〈宮詞〉〔註76〕中就有宮廷婦女喜好「回鶻衣裝回鶻馬」的記載。回鶻髻的流行也是這種習俗的反映。

　　漢族婦女梳挽的回鶻髻，在樣式上與回鶻族婦女的髻式基本一致。湖北武昌第 45 號唐墓（見圖 3-2-29）、河南洛陽關林第 59 號唐墓（見圖 3-2-30）出土的三彩女俑，其髮髻特徵即與榆林窟壁畫所描繪的髻式完全相同。在該墓出土的三彩女俑中，還有一種髻式，其形制及綰法與上述女俑相近，惟髮髻多出一個，呈兩髻並立狀，可視作回鶻髻的變形。

圖　　號	3-2-29	3-2-30
說　　明	梳回鶻髻的回鶻族婦女	梳回鶻髻的婦女
圖 形		
出土地或 現藏地	湖北武昌第 45 號唐墓	河南洛陽關林第 59 號唐墓
出　　處	《中國歷代婦女妝飾》頁 31	《中國歷代婦女妝飾》頁 31

〔註76〕花蕊夫人宮詞，五代十國詩別集。前蜀花蕊夫人徐氏撰。傳世《花蕊夫人宮詞》一卷，收詩百首，有明朝黃魯曾輯《編選四家宮詞》、林志尹輯《四家宮詞》、汲古閣刻《三家宮詞》、清朝倪燦輯《十家宮詞》諸本，《叢書集成初編》據汲古閣本刊行。清朝厲鶚在《宋詩鈔》中評價花蕊夫人宮詞，認為：「清新豔麗，足可奪王建、張籍之席。」評價頗高。《花蕊夫人宮詞》有明朝人毛晉《三家宮詞》本，曹學佺《蜀中名勝記》本，清朝人李調元《全五代詩》本，《全唐詩》輯錄一百五十七首，但是間雜王建、王珪所作。諸家均以為作者是後蜀孟昶花蕊夫人費氏（或徐氏）。

新疆阿斯塔那 206 號唐張雄夫婦墓中出
土一件錦衣仕女俑（見圖 3-2-31），保存完
好，通高 29.8 釐米，木雕而成，烏黑的頭髮
被挽成了回鶻髻，淡粉色的胭脂、小巧的朱
唇、可愛的點狀面靨和萌萌的眼神，顯出少
女該有的羞澀。而火色的花鈿和如意紋斜紅
如燃燒的霞光，好似在宣揚她高貴的地位。
她內穿綠色綺裙，上身外套短袖聯珠紋錦短
衣，下身穿彩條紋微喇叭長裙，肩披絳黃色
長條狀印花羅紗，將唐代錦衣華女的形象表
現的淋漓盡致。

圖 3-2-31：梳回鶻髻的仕女

阿斯塔那 206 號唐張雄夫婦墓
出處：《中國歷代婦女妝飾》頁
139

十、峨髻

初唐時期的髮髻一般都纏得比較緊，高高
地立在頭頂上。《舊唐書‧令狐德棻傳》記載
李淵曾向令狐德棻詢問：「婦人髻竟為高大，
何也？」令狐認為人的頭部最重要，把髮髻梳
得高大也有道理。後來的皇帝也曾下令禁止高
髻，據《新唐書‧車服志》記，文宗時曾多次
詔下令「禁高髻、險妝、去眉、開額」〔註 77〕
等之俗，高髻流行卻仍然如故。可見到了中晚
唐時期，絕大多數婦女都喜歡作這種高大的髮
髻。這種髮髻的形狀，在傳世繪畫周昉的仕女畫〈簪花仕女圖〉（見圖 3-2-32）
中可清楚地看到。幾名穿著紗衣的仕女都是梳著高髻。高髻在唐代又稱峨髻，
高可達一尺以上，屬顯女郎們的雍容華貴，還帶著一絲慵倦之態。

〔註 77〕　《新唐書》卷二十四，北京：中華書局，1975 年，頁 532。

圖 3-2-32：〈簪花仕女圖〉傳為唐代周昉繪製，作品現藏於遼寧省博物館

出處：《中國美術全集——繪畫篇（2）》頁 59

　　有時峨髻還要配上髮鬢，顯得更有變化。唐代康駢《劇談錄》〔註 78〕的
〈玉蕊院真人降〉〔註 79〕記述長安城中的唐昌觀，玉蕊花（大概是今天的白
玉蘭）開，潔白如雪，引得仙人出現：「有女子年可十七八，衣綠繡衣，乘馬，
峨髻雙鬢，無簪珥之飾，容色婉約，回出於眾。」這位仙女沒有首飾，只是
穿綠地繡花衣，梳著高高的峨髻，臉頰兩邊還垂下兩個髮鬢，是純淨的素雅
之美，似陝西省西安李重俊墓壁畫（見圖 3-2-33）所繪貴婦頭梳峨髻，頭上飾
花釵、角梳、衡笄。

〔註 78〕　唐代傳奇小說集。撰者唐代康駢。作者自謂記述「新見異聞」，大多講述神鬼
　　　　　靈應，也有少量武俠故事。如潘將軍失珠、田膨郎偷玉枕等篇，故事曲折可
　　　　　觀。自序稱本書「分為二編」。然《郡齋讀書錄》、《新唐書‧藝文志》均著錄
　　　　　為 3 卷。今有《津逮秘書》本、《學津討源》本，均為 2 卷。1958 年古典文學
　　　　　出版社據劉世珩刻《貴池唐人集》校增本斷句排印，較為通行。
〔註 79〕　《劇談錄》卷下。

　　峨髻則是中晚唐流行的髮式。李賀〈十二月辭〉中有「金翅峨髻愁暮雲」〔註80〕之語，詠的就是這種髮髻。這種髮髻的主要特點是朝上高聳，似陡峭的峰。據說有些峨髻，竟高達一尺以上。元和時詩人元稹詩中就有「髻鬟峨峨高一尺，門前立地看春風」〔註81〕的形容，寫的則是女伎們在門前展現自己髮鬟的情景。傳世的〈簪花仕女圖〉就繪有這種情況。

　　白居易〈江南喜逢蕭九徹因話長安舊遊戲贈五十韻〉詩中也說：「時世高梳髻，風流澹作妝。」〔註82〕生活在光化年間的唐末詩人陸龜蒙，在他的〈古態〉詩中說得更加明確：「古態日漸薄，新妝心更勞。城中皆一尺，非妾髻鬟高。」〔註83〕江蘇南京南唐李昇陵出土的陶俑、揚州七里甸五代墓出土的木俑（見圖3-2-34）及福州市郊五代劉華墓出土的婦女陶俑也都作過這種髻式，反映了當時的風尚。

圖3-2-33：頭梳峨髻插花釵的貴婦　　　　圖3-2-34：梳峨髻的婦女

西安李重俊墓壁畫（線描）　　　　　揚州七里甸五代墓出土
出處：《中國服飾造型鑒賞圖典》頁110　　出處：《中國歷代婦女妝飾》頁33

〔註80〕《全唐詩》卷二十八，北京：中華書局，1960年，頁417。
〔註81〕《苕溪漁隱叢話》後集卷二十四，元微之〈李娃行〉「雲髻鬟峨峨高一尺，門前立地看春風」，此定是娼婦。
〔註82〕《全唐詩》卷四六二，北京：中華書局，1960年，頁5253。
〔註83〕《全唐詩》卷六二七，北京：中華書局，1960年，頁7201。

十一、同心髻

溫庭筠〈郭處士擊甄歌〉有「侍女低髻落翠花」之句。羅虬〈比紅兒〉詩說：「輕梳小髻號憛來。」各種小髻有小而圓的，有平捲的，有梳成兩個稍高的鬆再合併的，如現藏陝西省博物館梳同心髻的唐三彩女俑（見圖 3-2-35）。同心髻也屬於這類小髻。

同心髻是一種單髻，在宋朝較爲廣泛的梳挽，且較爲詳細的記載，其名稱來歷可能與當時社會的政治背景有關，經五代十國分裂動盪之後，廣大百姓人心思治，更渴望國泰民安，闔家團圓；同心髻的名稱或即由此而來。宋吳文英〈宴清都〉詞：「連鬟並暖，同心共結。」〔註84〕晏幾道〈採桑子〉詞：「雙螺未學同心綰」〔註85〕洪邁〈夷堅志〉：「有人夜入所寢室，著揉藍纈，汝澤明媚，……綰同心髻。」〔註86〕都是有關同心髻的眞實記錄。這種髮髻的梳挽方式比較簡單，一般只要將頭髮挽束在頂部，然後編成一圓髻即可。四川成都保和宋墓出土的陶俑、江西景德鎮市郊宋墓出土的瓷俑和山西太原小井峪宋墓出土的木俑，都作這種髮髻。據陸游〈入蜀記〉記載，當時梳這種髮髻者，大多爲未婚婦女。如蜀地婦女「未嫁者率爲同心髻，高二尺，插銀釵至六只，後插象牙梳，如手大。」〔註87〕從出土的文物資料來看，梳此髮髻者確實以青年婦女爲多，可證其說不誤。〔註88〕

圖 3-2-35：梳同心髻的唐三彩女俑

現藏陝西省博物館
出處：《服飾中華——七千藝術巨作（夏商周～隋唐五代之卷）》頁 213

〔註84〕　《宋詞三百首箋》，神州國光社，1948 年，頁 331。

〔註85〕　《全宋詞》，北京：中華書局，1965 年，頁 251。

〔註86〕　《夷堅志》卷三十四，《筆記小說大觀》第 2 冊，江蘇廣陵古籍刻印社，1983年，頁 241。

〔註87〕　《歷代小說筆記選》第 1 冊，商務印書館，1934 年，頁 261。

〔註88〕　高春明，《中國服飾名物考》，上海：上海文化出版社，2001 年，頁 43～44。

十二、朝天髻

　　五代時期，各個地方小國都延續盛唐餘風。前蜀王建墓中出土的石棺上，有樂伎的浮雕，都梳各式高髻，配穿寬袖襦、長裙。後蜀時孟昶宮中婦女用很多假髮梳高髻，叫做朝天髻。南唐是建都於南京的地方政權，宮廷中流行唐風，在南京的南唐前兩代君主陵中，也出土了一些女陶俑，多穿大衫、長裙，有的梳高髮髻，有的梳掩鬢的髮式，再戴高高的義髻，上邊有孔，似乎是留著簪花或鑲嵌珠寶用。南唐後主李煜的周后多才多藝，喜歡創製新式高髻，簪翠翹花朵。《南唐書‧后妃傳》記載她「創爲高髻纖裳及首翹鬢朵之妝，人皆效之」。

　　南唐的樂伎舞女的髮髻，在一幅名畫中有集中展現。這是歷史上著名的典故，南唐李後主對臣子們十分猜忌，當時的大臣韓熙載經常在家中舉行宴會，後主就派畫家周文矩和顧閎中前去觀看，繪成長卷圖畫，以向後主報告宴會的情況。不過周文矩的繪圖已經失傳，只有顧氏的畫保留下來，即〈韓熙載夜宴圖〉（見圖 3-2-36）。這是奢華的夜宴，許多樂伎盛裝出現，她們梳著華麗的朝天髻等上邊都綴滿細小的珠璣花鈿，或有勾雲形花鈿，或用金翠鳳凰簪釵，還有紅帛頭須（頭繩）飄墜，上邊飾以小珍珠。這些奢華的曖昧的揮灑，在深夜的煌煌燭光裡浮現濃得化不開的華彩。〔註89〕

圖 3-2-36：梳朝天髻的樂伎們

〈韓熙載夜宴圖〉局部，現藏於北京故宮博物院
出處：《中國美術全集——繪畫篇（2）》頁 127

〔註89〕 馬大勇，《雲髻鳳釵——中國古代女子髮型髮飾》，山東：齊魯書社，2015 年，頁 70～72。

　　周文矩另外傳尚有〈玉步搖仕女圖〉（見圖 3-2-37），畫中的女子頭梳高髮髻，簪著花朵和步搖，穿羅衫、長裙，是晚唐五代仕女的裝束。還有他的〈宮中圖〉（見圖 3-2-38），畫宮廷中的妃子、宮女，或濯足，或對鏡梳妝，或側身侍立，除了幼女用垂髻，其他多是高髻，如烏雲一般堆在她們的頭上，風情綽約。1972 年新疆吐魯蕃阿斯塔那張禮臣墓出土唐代仕女絹畫（見圖 3-2-39），梳朝天髻，左穿半臂、直小袖小衫、高腰曳地長裙、重臺履，一手執紈扇，右為穿男裝番錦袍者，已殘缺。

圖 3-2-37：周文矩〈宮中圖〉，現藏美國克裡夫蘭藝術博物館

出處：《中國美術全集──繪畫篇（2）》頁 122

圖　號	3-2-38	3-2-39
說　明	梳朝天髻戴簪花的五代婦女	梳朝天髻的婦女
圖　形		
出土地或現藏地	周文矩〈玉步搖仕女圖〉	新疆吐魯番阿斯塔那〔註90〕張禮臣墓出土
出　處	《中國歷代婦女妝飾》頁 83	《服飾中華——七千藝術巨作（夏商周～隋唐五代之卷）》頁 209

第三節　角　羈

　　古代嬰兒出生後滿三月，例應舉行剪髮儀式，據說這樣做可以防病消災。其具體做法是環剃去四周之髮，只留少量餘髮在頭頂。留下的這撮頭髮，被

〔註90〕阿斯塔那古墓群，以葬漢人爲主，同時葬有車師、突厥、匈奴、高車以及昭武九姓等少數民族居民，這說明當時高昌王國的主體民族是漢族，各民族之間是平等的。是當年高昌故城居民尋求死後安樂的幽靜之地，在方圓10 多公里的戈壁沙丘之中，堆積著密密麻麻的古塚。既有達官貴族、威武將軍，也有平民百姓、下層兵士。因而又被當今學者稱爲「高昌的歷史活檔案，是吐魯番地區的地下博物館」。阿斯塔那古墓群於 1988 年被國務院列爲全國重點文物保護單位。阿斯塔在中外考古界、歷史學界受到廣泛的重視，素有有「地下博物館」之美稱。整個墓葬群共有古墓葬 500 餘座，埋葬著西晉初年到唐代中期的貴族、官員和平民百姓，只是尚未發現高昌國王的墓葬。鞠氏高昌王國名將張雄夫婦及其子張懷寂，就葬在這裡。阿斯塔那墓群的墓穴多從夾有戈壁石的黃土層中掏挖而成。由於這裡地勢高敞，氣候炎熱乾燥，墓穴內形成天然無菌環境；墓中古屍及隨葬物品歷經千年都不腐爛，從而保存了大量文物。很多繪畫、泥俑及其他成千上萬件出土文物色彩鮮麗如新，保存十分完好。出土的唐代水餃，形狀與今無異，裡面的餡，也完好如初。

稱為「鬌」。《禮記‧內則》:「三月之末,擇日,剪髮為鬌。男角女羈。」漢鄭玄注:「鬌,所遺髮也。」唐孔穎達疏:「三月剪髮,所留不剪者謂之鬌。」〔註91〕鬌處於頭部那個地位,史籍中多未言及。從傳世繪畫來看,當處於額部。新疆吐魯番阿斯塔那唐墓出土絹畫所繪幼兒,頂髮悉被剃去,僅額上留一小撮餘髮。在宋代畫家蘇漢臣的〈秋庭戲嬰圖〉(見圖3-3-1)中嬰兒髮式也和阿斯塔那唐墓出土絹畫所繪相同,可見這種髮式可謂源遠流長。

圖3-3-1:剃髮留鬌的童子

宋　蘇漢臣〈秋庭戲嬰圖〉局部
出處:《東方畫譜‧宋代人物篇　秋庭戲嬰圖》

　　在唐宋時期,還會將嬰兒頭髮編為小髻,較為普遍的作法是編成十撮小髻,每個小髻上扎一穗帶,合為十穗,寓意「十歲」,以祈孩兒歲歲平安,茁壯成長。因小髻之多,宛如成串葡萄,故稱「蒲桃髻」。唐馮贄《記事珠》中即記有其詳:「小兒髮初生,為小髻十數,其父母為兒女相勝之辭曰:「蒲桃髻,十穗勝五穗。」」〔註92〕今從宋代畫家所繪〈撲棗圖〉(見圖3-3-2)、〈嬰戲圖〉及〈冬日嬰戲圖〉(見圖3-3-3)上,還可以看到這種髮式。

〔註91〕　《禮記正義》卷二十八,十三經注疏本,北京:中華書局,1980年,頁1469。
〔註92〕　《説郛續》卷二十一,清順治三年宛委山堂刊行本。

圖　號	3-3-2	3-3-3
說　明	作蒲桃髻的童子	作蒲桃髻的童子
圖形		
出土地或現藏地	宋 佚名〈撲棗圖〉	宋 蘇漢臣〈冬日嬰戲圖〉
出　處	《故宮文物月刊》第 61 期封面，1988 年 4 月	《東方畫譜‧宋代人物篇：冬日嬰戲圖》

　　丫頭也作「鴨頭」，是指服侍主人的婢女，也用作長輩對年輕女子的親暱稱呼。古代婦女凡未成年，多將頭髮集束於頂，編結成兩個小髻。其狀左右各一，與樹枝丫叉相似，故名「丫頭」，亦稱「丫髻」。發展到後來，「丫頭」便成了年輕婦女的代稱。在唐代也有變化，如武昌出土的一名女童像，在腦門上向兩邊伸出丫形髻。西安市長安縣韋兆村出土的女俑，女童梳的丫髻是在頭頂上向兩邊伸出雙丫。

　　在考古發掘的文物圖像中，有大量梳丫髻的年輕女子形象，綜觀這些髮髻，大致有下列五種基本類型：

　　第一類型，以四川洪雅宋墓出土的陶俑為代表。這是一位年幼的女童形象，其年齡約十歲左右。從她的面容、神態來看，似乎還沒脫離稚氣。她的頭髮不多，所以只能在兩鬢上方各梳一個小髻。江蘇揚州城東林莊唐墓出土的女俑年齡略大，也梳這種髮髻，只是因為頭髮稍多的緣故，髮髻也梳得大些，其實是同一種類型。

　　第二種類型，以江蘇揚州邗江楊廟唐墓出土的陶俑（見圖 3-3-4）為代表。這是一位舞伎形象，年齡顯得稍大一些，估計在十二三歲左右。這個女子的髮髻，與第一種類型相比，有明顯的區別，其主要特點是將雙髻從兩側向頭頂中央靠攏，在頭頂正中分髮挽髻。挽成後的髮髻，似初髮的萌芽，具有一

種清新、活潑的氣息。這種類型的丫髻，在山西長治、河南鞏縣出土的陶俑及陝西乾陵唐薛元超墓出土的壁畫中都可以看到。

第三類型，以山東高唐城關出土的陶俑為代表。這是東魏時期的女子形象，從她的儀表、神態來看，已進入「青春妙齡」。陳後主〈三婦豔詞〉中有句云：「小婦初兩髻，含嬌新臉紅」〔註93〕，說的或即是這種年齡的女子。由於頭髮豐厚，這個年齡的女子已不適宜梳前兩種類型的髮髻，故將雙髻分開，移回到兩鬢。髮髻的編制也更為複雜，從圖像上可以看出，在挽髻之前，先將頭髮編成辮子，然後再盤成兩個髮髻。湖北武昌唐墓出土的陶俑（見圖3-3-5），也作這種髮髻。

圖　號	3-3-4	3-3-5
說　明	梳丫髻的舞伎	梳丫髻的婦女
圖形		
出土地或現藏地	江蘇揚州邗江揚廟唐墓出土陶俑	湖北武昌唐墓出土陶俑
出　處	《中國歷代婦女妝飾》頁37	《中國歷代婦女妝飾》頁39

第四種類型，以四川廣漢縣宋墓出土的陶俑為代表。這是一位侍女形象，年齡與第三種類型者接近，頭髮也顯得較為茂密，其髮髻的編梳方法和第三種類型相近，惟兩髻編結在耳際，與前者有所不同。

第五種類型，以雲南大理中和村明墓出土的陶俑（見圖3-3-6）及廈門大學人類博物館所藏唐俑（見圖3-3-7）為代表。兩俑均為成年婦女形象，她們生活的年代盡管相距很遠（約六百年以上），但髮髻的形制卻相當接近，都是

〔註93〕　《先秦漢魏晉南北朝詩》陳詩卷四，北京：中華書局，1983年，頁2502。

在兩鬢部位梳挽髮髻，編梳的方法也都是正中分髮，將其分成兩股，每股分別彎折，然後用繩帶繫扎於髮髻中間，並使其依附於兩鬢。如士去掉繩帶，或將繩帶繫扎於髮梢，那就不是丫髻而是丫鬟了。〔註94〕

圖　號	3-3-6	3-3-7
說　明	梳丫髻的婦女	梳丫髻的婦女
圖形		
出土地或現藏地	雲南大理中和村明韓進夫婦墓出土陶俑	廈門大學人類博物館藏唐代陶俑
出　處	《中國歷代婦女妝飾》頁39	《中國歷代婦女妝飾》頁40

　　還有一種與此類似的髮式，去掉髻上的繩索，或將其繫紮在髮梢，那就不是丫髻了，嚴格地說，應當稱為「丫鬟」。丫鬟也作「丫環」，又作「鴉鬟」，它也是古代婦女的髮式之一。所謂丫鬟，就是把頭髮梳挽成環狀，分別於左右兩鬢。丫鬟在古時曾經是地位卑微的青年女子所特有的一種髮式，故引申為婢女的代稱。

　　女子將頭髮編挽為鬟，也有著悠久的歷史。漢辛建延年〈羽林郎詩〉：「兩鬟何窈窕，一世良所無。」〔註95〕唐杜甫〈月夜〉詩：「香霧雲鬟濕，清輝玉臂寒。」〔註96〕李白〈酬張司馬贈墨〉詩：「黃頭奴子雙鴉鬟」〔註97〕；五代鹿虔扆〈思越人〉詞：「珊瑚枕膩鴉鬟亂」；宋陸游〈暮冬夜宴〉詩：「舞娃釵墜雙鬟重」〔註98〕等，都是有關這種髮式的真實寫照。如西安乾陵唐陪葬墓

〔註94〕　高春明，《中國服飾名物考》，上海：上海文化出版社，2001年，頁58～59。
〔註95〕　《玉臺新詠》卷一，成都古籍書店，頁14。
〔註96〕　《全唐詩》卷二二四，上海：上海古籍出版社，1986年，頁545。
〔註97〕　《李白集》卷十九，上海：上海古籍出版社，1980年，頁1097。
〔註98〕　《陸游集・劍南詩稿》卷九，北京：中華書局，1976年，頁253。

永泰公主李仙蕙出土女侍俑（見圖 3-3-8），
梳雙鬟，穿番錦袍、小口條紋褲、尖頭履。

　　丫鬟與丫髻的區別，主要表現在兩個
方面：

　　第一，丫髻是一個實心的髮髻，而丫
鬟則是一個空心的髮環。梁簡文帝〈戲贈
麗人〉詩：「同安鬟裡撥，異作額間黃。」
〔註99〕唐宇文氏《妝台記》爲之作注：「撥
者，捩開也，婦女理鬟用撥，以木爲之，
形如棗核，兩頭尖尖，可二寸長，以漆光
澤。」〔註100〕可見當時編梳丫鬟，還備有
專門的工具。

　　第二，丫髻往往高聳於髮頂，而丫鬟則
多垂於兩肩。古代詩文在敘及婦女髮鬟時，
往往只說「低鬟」、「垂鬟」而不說「高鬟」，
就是出於這一原因。如陳後主〈東飛伯勞
歌〉：「轉願盼鬟鬢低」〔註101〕；唐韋應物
〈長安道〉：「低鬟曳袖回春雪」〔註102〕；
梁簡文帝〈咏舞詩〉：「飛袖拂鬟垂」〔註103〕

圖 3-3-8：梳雙鬟的侍女

西安乾陵唐陪葬墓永泰公主李仙
蕙出土女侍俑
出處：《服飾中華──七千藝術巨作
　（夏商周～隋唐五代之卷）》頁 208

等等。唐和擬〈春光好〉詞：「紗窗暖，畫屏閑，鬄雲鬟。睡起四肢無力，半
春閒。」〔註104〕詞中有「鬄雲鬟」之句，鬄即爲垂，可見所謂「雲鬟」，也是
一種垂鬟。

　　丫髻與丫鬟，除了形制不同名外，在梳挽時，對於不同年齡的婦女，也
有所區別。一般婦女在年幼時以梳丫髻爲主，成年之後則改梳丫鬟，到出嫁
之日，再將髮鬟改成爲少婦的髮髻。如果已過婚齡而未出嫁，那也祇能梳鬟
而不能梳髻。由此可以看出，梳鬟與梳髻，是當時婦女婚嫁與否的一種標誌。

〔註99〕　《先秦漢魏晉南北朝詩》梁詩卷二十一，北京：中華書局，1983 年，頁 1939。
〔註100〕　《說郛》卷七十七，清順治三年宛委山堂刊行本。
〔註101〕　《先秦漢魏晉南北朝詩》陳詩卷四，北京：中華書局，1983 年，頁 2518。
〔註102〕　《全唐詩》卷十八，北京：中華書局，1960 年，頁 196。
〔註103〕　《先秦漢魏晉南北朝詩》梁詩卷二十二，北京：中華書局，1983 年，頁 1980。
〔註104〕　《全唐詩》卷八九三，北京：中華書局，1960 年，頁 10090。

杜甫〈負薪行〉詩曰：「夔州處女髮半華，四十五十無夫家。……至老雙鬟秖垂頸，野花山葉銀釧並。」就是描述四川夔州（今奉節）地區的婦女，因連年戰亂男丁減少，直到四五十歲還找不到婆家，雖然兩鬢已白，但仍梳著待嫁的髮鬟。

關於髮鬟的樣式，文物資料中有不少反映。現選擇幾個具代表性的實例介紹如下：

第一例，為南朝梁武帝（503~548 年）時期的遺物。原件為畫像磚，出土於江蘇揚州邗江，現被移至揚州博物館內。磚上塑女供養人二十個，其中大像四個，小像十六個。四個大像，均作高髻，當是貴婦；而小像則一律梳成雙鬟，當為侍女。雙鬟的形制很有特色，從正面看，頂髮留得很少，頭髮大多集中於兩鬢，由上而下，盤成兩個碩大的圓環，圓環的方向與面部正相一致。

第二例，為北齊武平年間（570~576 年）的遺物。原物是件陶俑，於河北贊皇李希宗夫婦墓出土。這也是一個侍女形象，其髮式與第一例小有差異，不同之處在於圓鬟所處的方向。若以臉面作基準，前者為平面，後者則為側面。

第三例，為西夏天慶五年（1198 年）版畫，出土於甘肅武威西郊林場。原畫有二十九塊，這是其中的一塊。畫上繪刻一年輕女子，穿右衽長衫，雙手托盤，作服役狀，其身份顯然也是婢女。該女子的髮式同樣被梳成圓環狀，所不同的是雙環所處的部位，由兩側移至頭頂，圓鬟的形狀也變成了扁式。〔註 105〕

第四節　鬢鬚的修飾

鬢鬚指的是面頰兩旁的頭髮。古代婦女除將頭髮挽成各式髻鬟之外，還對鬢髮作了處理，將其修剪各種形狀。《楚辭・招魂》在說到宮廷婦女的鬢髮妝飾時，曾兩次提到「鬢」字：「長髮曼鬢，豔陸離些。」宋洪興祖補注：「言美人髮工結，鬢鬚滑澤，其狀豔美，儀貌陸離，而難具形也。」〔註 106〕又：「盛鬢不同制，實滿宮些。」漢王逸注：「鬢，鬢也。制，法也。……言九侯之女，

〔註 105〕高春明，《中國服飾名物考》，上海：上海文化出版社，2001 年，頁 61～62。
〔註 106〕《楚辭補注》，北京：中華書局，1983 年，頁 204。

工巧妍雅，裝飾兩結，垂鬢下髮，形貌詭異，不與眾同。」洪興祖補注：「五臣云：「盛飾理鬢，其制不同。」鬙，音翕，女鬢垂貌」〔註107〕《漢書・司馬相如傳》：「靚妝刻飾。」唐顏師古注引晉郭璞：「靚妝，粉白黛黑也。刻，刻畫鬢鬙也。」〔註108〕

　　古代婦女，除將頭髮挽成各種形式的髻鬙外，還對鬢髮作種種修飾。鬢髮即面頰兩旁的頭髮，它的部位很小，現代婦女在梳妝時，對這縷頭髮往往不太注意，但古代婦女卻沒有掉以輕心，刻意地將它修剪或整理成各種形狀。

表3-2：歷代婦女鬢髮樣式

年代	圖 例	資料來源	年代	圖 例	資料來源
秦		陝西臨潼出土陶俑	盛唐		敦煌莫高窟 130 窟唐代供養人壁畫
西漢		湖南長沙馬王堆一號漢墓出土陶俑	中唐		敦煌莫高窟 144 窟唐代供養人壁畫
漢		河北滿城一號漢墓出土鍍金長信宮〔註109〕燈銅人	中唐		新疆吐魯番阿斯塔那墓出土絹畫
漢		朝鮮樂浪〔註110〕彩篋塚出土漆畫	中晚唐		唐 周昉〈揮扇仕女圖〉

〔註107〕《楚辭補注》，北京：中華書局，1983 年，頁 210。

〔註108〕《漢書》卷五十七，北京：中華書局，1965 年，頁 2571。

〔註109〕長信宮，古代宮殿名，是爲漢代長樂宮建築群中最重要的建築物，位於西漢都城長安城內東南隅。漢代太后一般住在長樂宮中的長信宮，現已廢。《三輔黃圖》有描述到「長信宮，漢太后常居之。」

〔註110〕樂浪國，是存在於西元前 1 世紀至 1 世紀的古代朝鮮半島北部部落國家。樂浪國在樂浪郡附近，原爲西漢樂浪東部都尉沃沮之地。新朝末年，自立爲國。37 年，高句麗大武神王高無恤襲滅樂浪國。47 年十月，蠶支落部大加戴升等一萬餘家，詣樂浪投降漢朝。

魏晉		甘肅嘉峪關丁家閘古墓出土壁畫	晚唐		敦煌莫高窟 192 窟唐代供養人壁畫
晉		甘肅嘉峪晉墓出土壁畫	五代		敦煌莫高窟 98 窟五代供養人壁畫
晉		傳顧愷之〈列女圖〉	宋		南薰殿舊藏〈歷代帝后圖〉
晉		甘肅嘉峪關魏晉墓壁畫	明		南薰殿舊藏〈歷代帝后圖〉
西魏		敦煌莫高窟 285 窟西魏供養人壁畫	清		清 禹之鼎〈女樂圖〉
初唐		陝西乾陵永泰公主墓石槨線刻畫			

來源：引述周汛、高春明著，《中國歷代婦女妝飾》，頁 44～45。

唐宋時期的鬢髮樣式也很多特點。在初唐時，一般婦女都較重視髮髻的梳理，而對鬢髮不加修飾，如陝西乾陵永泰公主墓出土石槨線刻所示。大約在初唐晚期至盛唐時期，婦女的鬢髮被整理成尖形，其長度大多在耳垂以上。到中晚唐時，鬢髮的樣式又有所不同，這時的婦女往往將鬢髮留長，並將其下部修剪整理成圓角，有的貼附於耳部，有的下垂至頸間。晚唐詩人韓偓在他的〈席上有贈詩〉中，曾有「鬢垂香頸雲遮藕」〔註111〕的形容。從圖像上看，作這種鬢式的婦女，似不受身份的限制，連侍女都可為之。唐周昉所繪〈揮扇仕女圖〉中，有一個著袍侍女（見圖 3-4-1），即作這種鬢式。

圖 3-4-1：鬢髮修成圓角的著袍侍女

〈揮扇仕女圖〉局部，現由北京故宮博物院收藏
出處：《中國美術全集——繪畫篇 (2)》頁 54

唐末婦女則崇尚「不設鬢飾」。如《新唐書・五行志》：「元和末，婦女為圓鬟椎髻，不設鬢飾。」〔註112〕所謂「不設鬢飾」，就是對鬢髮不作任何裝飾，將頭髮掩住鬢角，使頂髮、額髮、鬢髮及腦後渾然於一體。這種髮式對五代及宋初婦女的鬢髮妝飾帶來很大的影響。從敦煌莫高窟 9 窟、61 窟及 98 窟壁畫上都可以看到這種情況。由於鬢髮和周圍的頭髮連成一片，雙鬢的部位則顯得更加寬闊。在北宋時期，這種情形的鬢髮又被稱之為「大鬢」，曾流行於崇寧年間。宋袁褧〈楓窗小牘〉中即記載著這一情況：「汴京閨閣，妝抹凡數變，崇寧間，少嘗記憶，作大鬢方額。政宣之際，又尚急把垂肩。宣和以後，多梳雲尖巧額，鬢撐金鳳。小家至為剪紙襯髮。」〔註113〕

一、蟬鬢

說起鬍鬢，必然要談到蟬鬢。蟬鬢又作「薄鬢」，其具體作法是將鬢髮梳

〔註111〕 《全唐詩》卷六八三，北京：中華書局，1960 年，頁 7834。
〔註112〕 《新唐書》卷三十四，北京：中華書局，1975 年，頁 879。
〔註113〕 《楓窗小牘》卷上，商務印書館叢書集成本，1939 年，頁 3。

理成薄薄的一片，任其下垂。這種鬢飾出現在魏晉南北朝時期，直到唐宋仍盛行不衰。古代對薄鬢的描述頗多，如南朝徐陵《玉臺新詠·序》：「妝鳴蟬之薄鬢」；唐李百藥〈戲贈潘徐城門迎新婦〉詩「雲光鬢裏薄」等等。因其輕薄透明，所以也稱「雲鬢」和「蟬鬢」，如唐施肩吾〈代征婦怨〉詩：「雲鬢慵梳玳瑁垂」；南朝梁元帝詩：「妝成理蟬鬢」等等。陝西省西安南郊龐留村（見圖 3-4-2）、西郊棗園（見圖 3-4-3）的唐墓，皆有出土梳蟬鬢的婦女陶俑。

圖　號	3-4-2	3-4-3	3-4-4
說　明	梳蟬鬢的婦女	梳蟬鬢的婦女	梳蟬鬢的婦女
圖形			
出土地或現藏地	西安南郊龐留村唐墓	西安西郊棗園唐墓	周昉〈揮扇仕女圖〉局部
出　處	《中國歷代婦女妝飾》頁 43	《中國歷代婦女妝飾》頁 45	《中國歷代婦女妝飾》頁 45

鬢飾則很是講究，輕薄的蟬鬢就比較常用，配合頂上的高髻更加美妙。周昉〈揮扇仕女圖〉（見圖 3-4-4）中畫有一位仕女，就是在梳理蟬鬢。白居易的一首〈長相思〉詞說：「深畫眉，淺畫眉，蟬鬢鬅鬙（形容頭髮蓬鬆、凌亂的樣子）雲滿衣。」寫的是閨房中女郎的蟬鬢柔薄而長，如雲一般垂下。

二、拋家髻

唐代婦女的蟬鬢的樣式又有新的發展。曾經在京城風行一時的拋家髻，就是在這個基礎上產生的。從文物資料來看，這時期的蟬鬢與南北朝的蟬鬢相比，有兩個明顯的變化：

第一，鬢髮的地位有顯著的提高；大多數婦女的鬢髮，均置於耳際，很

少垂至頸間。如張祜〈陪范宣城北樓夜讌〉詩：「粉項高叢鬢」；李群玉〈同鄭相並歌姬小飲戲贈〉詩：「鬢聳巫山一段雲」等等。

第二，鬢髮朝臉部靠攏，俗謂「兩鬢抱面」。如《新唐書・五行志》記：「京都婦女梳髮以兩鬢抱面，狀如椎髻，時謂之「拋家髻」。」這種鬢髮樣式，藉由唐人畫塑保存下來不少，如陝西西安龐留村唐墓、郭家灘唐墓出土的陶俑所示。唐張萱〈虢國夫人游春圖〉（見圖3-4-5）中貴婦的髮式十分慵懶，稱「拋家髻」，薄如蟬翼的兩鬢抱於面部，頭頂左側一髻拋出。這主要是受吐蕃影響，再配以啼妝，這是流行於中晚唐的婦女裝束。如傳為唐周昉的〈揮扇仕女圖〉中，就有梳這這種髮式的婦女形象。儘管整個髮髻造型與椎髻的原始形象有大出入，但將頭髮集中成一撮、下垂於顱後的特點猶存。難怪白居易要發出「髻椎面赭非華風」的感嘆了，因為它畢竟是一種外來的習俗。還有繪一位臨摹梳妝的貴婦，其髮髻已經梳好，首飾也已安插上，但何以還要作梳妝姿勢？審視之下，始知畫中人正在梳理蟬鬢。

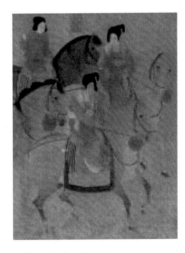

圖 3-4-5：唐張萱〈虢國夫人游春圖〉中梳拋家髻或偏髻的貴婦

現藏遼寧省博物館
出處：《中國美術全集——繪畫篇（2）》頁41

三、掩鬢

掩鬢是兩邊包住耳朵的厚厚鬢髮，也稱博鬢，上邊還可以垂掛金葉飾，和輕盈的蟬鬢有所不同。在同心髻上就加有這類掩鬢。在這種鬢飾上又發展為拋家髻，在唐末流行。《新唐書・五行志》說是以兩鬢抱面，狀如椎髻。在〈揮扇仕女圖〉（註114）（見圖3-4-6）上就能看見手抱琴囊的女郎和持壺女郎都是梳著拋家髻。

〔註114〕 〈揮扇仕女圖〉是一幅描寫唐代宮廷婦女生活的作品。全卷所畫人物共計十三人，分為五個自然段落。5 個段落似離還合，從不同的側面，刻畫了人物在不同場景中的各種心理狀態。在畫中，作者通過對嬪妃的生活的描繪，表達出她們寂寞、沉悶、空虛、無聊、幽恨暗生的心情。畫面結構井然，線條秀勁細麗，賦色柔麗多姿，豔而不俗。

圖3-4-6：〈揮扇仕女圖〉手抱琴囊和持壺女郎都是梳著拋家髻

唐 周昉〈揮扇仕女圖〉局部

出處：《中國美術全集——繪畫篇（2）》頁54

四、梳理方式

　　古時婦女梳理蟬鬢，不僅需要一定的技巧，還需借助於梳妝用品。早在先秦時期，我國婦女就已經用油脂來潤髮，時謂「膏沐」。《詩經‧衛風‧伯兮》中就有「自伯之東，首如飛蓬。豈無膏沐，誰適爲容」〔註115〕的說法。秦漢以後，隨著婦女妝飾的不斷發展，妝飾用品也不斷更新。如梁朝，就有用大量雞蛋清沐髮的，顏之推《顏氏家訓》即記載道：「梁世有人，常以雞卵白和沐，云使髮光，每沐輒破二三十枚。」〔註116〕

　　在唐朝，又有人以「郁金油」掠鬢。見唐馮贄《雲仙雜記》：「周光祿諸妓，掠鬢用郁金油，傅面用龍消粉，染衣以沉香水。」〔註117〕以後還陸續出現過蜜臘、蘆薈、茶子油、刨花水等一系列梳妝用品。爲使鬢髮薄而不散，

〔註115〕　《詩經‧衛風》，商務印書館，1914 年，頁 27。

〔註116〕　《顏氏家訓》卷下，掃葉山房，1919 年石印本。

〔註117〕　《歷代小說筆記選》，商務印書館，1937 年，頁 157。

鬆而不亂，這種梳妝用品中往往含有膠質。塗掠在鬢上時間一長，頭髮便會被凝結住。爲了使凝的頭髮在梳洗時很快解開，古人還發明了一種「髮膩」。元陶宗儀《南村輟耕錄・髮膩》中記有其詳：「婦人頭髮有時爲膏澤所黏，必沐乃解者，謂之膩。」〔註118〕可見在很早以前，我國婦女就已經使用「洗頭膏」之類的梳妝用品了。〔註119〕

第五節　小　結

　　隋初時，文帝在生活方面以簡樸爲重，所以隋代婦女的髮式變化不是很多，貴賤差別不大。再加之隋朝歷時很短，記載髮式名目有限，主要有盤桓髻、平髻、翻荷髻、九眞髻、迎唐八鬟髻等，髮式比較簡單，也很少有裝飾，平而闊是其特色，延續北周「開額」舊制將額部的髮式剃齊。至隋煬帝時雖曾有一度在髮式上極盡裝飾之能事，但僅限於一時的宮廷特殊生活中，沒有影響到社會各層面。

　　唐朝是中國傳統髮式發展的重要時期，無論是在此之前還是在此之後，中國封建社會的婦女都沒有過如此繁多的髮式，如此精緻的妝容。唐朝婦女的髮式，初唐時期還延續隋朝時的平而闊的樣式，也鮮有裝飾。

　　此後，身份較高的貴族婦女，一改隋代婦女平雲式單純簡潔的髮式，而向上高聳，並且越來越高，有的竟高達一尺，如元微之在〈李娃行〉中寫道：「髻鬟峨峨高一尺，門前立地看春風。」面對此種形勢，唐太宗雖加以斥責，但後來又詢問近臣令狐德棻，婦女髮髻加高是何原由。令狐德棻認爲，頭在上部，地位重要，髮髻高大一些則更加強調。由此，高髻毫無任何限制，並發展出了很多樣式。詩云：「美人紅妝色正鮮，側垂高髻插金鈿。」《新唐書・五行志》記載：「貴婦以假髮爲首飾，曰義髻。」至開元天寶年間，假髮義髻流行，髮髻就更加高聳蓬蓬鬆鬆，出現了峨髻等髮式。珠翠的裝飾也逐漸增加，從而呈現出十分華麗的景象。與高髻相反還有一種低髻，就是髮髻低垂於腦後的髮式，這一般是地位較低婦女的髮式。如溫庭筠在〈郭處士擊甌歌〉中道：「宮中近臣抱扇立，仕女低鬟落翠花。」

〔註118〕　《南村輟耕錄》卷六，北京：中華書局，1959 年，頁 77。
〔註119〕　高春明，《中國服飾名物考》，上海：上海文化出版社，2001 年，頁 64～69。

　　五代歷時只有五十年，所以在髮式方面基本上是沿襲唐朝的樣式，也尚高髻，並以各種飾物裝飾。後蜀、南唐都以高髻爲尚。〈十國宮詞〉中有「纖裳高髻淡蛾眉」的形容，時稱「朝天髻」。婦女頭上插梳，也越來越多，越來越大，多時可達八把以上，大的可達一尺以上。有的用金，有的用銀，有的用玉，有的用象牙，有的用玳瑁，插戴起來大分沉重。這種婦女頭飾呈現出一種病態，所以流行時間不長。〔註120〕

〔註120〕孔德明主編，《中國服飾造型鑒賞圖典》，上海：上海辭書出版社，2008年，頁 124～125。

第四章　儀態萬千的頭飾

　　隋唐五代婦女盛行高髻，不僅以假髮補充，而且還有假髻，稱爲「義髻」。
據說楊貴妃偏好義髻，常以假髻爲首飾。這類假髻，在五代時更與銀釵牙梳
相配，據《入蜀記》記載，蜀中未嫁少女，梳同心髻，高二尺，插銀釵至六
只，後插大象牙梳如手大。

　　隋唐五代婦女除用一般的髮簪外，有一定身份的婦女還喜簪步搖。「雲鬢
花顏金步搖」是唐代詩人對楊貴妃的描寫。髮釵在隋代常作成雙股形，有的
一股長一股短，以方便插戴。中晚唐以後，安插髮髻的髮釵釵首花飾簡單，
另有專供裝飾用的髮釵，釵首花飾近於鬢花。晚唐五代適應高髻的實用，出
現長達 30 至 40 公分的長釵。有的出土花釵，每種都是兩件，花紋相同而方
向相反，可見是左右分插的。

　　魏晉婦女開頭上插梳之風，至唐更盛，到五代時，頭上插的梳篦越來越
多，有的多到十來把。王建〈宮詞〉中「歸來別賜一頭梳」〔註1〕之句，正是
這種風尚的眞寫照。漢代的梳多爲馬蹄形，唐代拉長成月牙形。五代以後梳
背變成梯形。隋唐五代時，作爲頭飾的梳篦常用金、銀、銅、玉、犀等高貴
材料製作，上飾精細花紋，極爲華麗。〔註2〕

　　〈簪花仕女圖〉〔註3〕（見圖 4-1）中的婦女髮髻不但高大無比，而且還

〔註1〕《中國歷代詩人選集・張籍、王建詩選》，臺北：王記書坊，1983 年，頁 213。
〔註2〕孔德明主編，《中國服飾造型鑒賞圖典》，上海：上海辭書出版社，2008 年，
　　　頁 128～129。
〔註3〕唐代是仕女畫的繁榮興盛時期，當時張萱和周昉的仕女畫被奉爲「張家樣」和
　　　「周家樣」，成爲一代楷模。現藏於遼寧省博物館的這一件周昉《簪花仕女圖》，
　　　展現了唐代宮廷嬪妃驕奢閒適生活的一個側面。全圖分爲「戲犬」、「慢步」、「看
　　　花」、「採花」四個情節。圖卷右起是一位身披紫色紗衫的貴婦，手執拂塵側身

在髮髻上插了大朵的牡丹花和釵、步搖、笄等多件金飾，是當時髮髻的極好代表。周昉畫的另一幅作品〈揮扇仕女圖〉（見圖 4-2）中，還在婦女的髮髻上加了花冠形狀的飾物，更增加了髮髻的高大與裝飾效果。在江蘇省南京出土的南唐李昇墓中陶俑，在頭頂上梳的髮髻又圓又直，高高聳起，活像戴了一頂高高的圓筒帽。

圖　號	4-1	4-2
說　明	髮髻插了牡丹花和釵等多件金飾	髮髻上加了花冠形狀的飾物
圖形		
出土地或現藏地	〈簪花仕女圖〉局部	〈揮扇仕女圖〉局部
出　處	《中國美術全集──繪畫篇2》頁59	《中國美術全集──繪畫篇2》頁54

　　唐代後期，婦女在頭上戴的飾物越來越多，貴族婦女經常是珠翠滿頭。頭飾多使用金銀、珍珠、寶石、玳瑁、珊瑚、象牙、玉、骨角等珍貴材料製作。類型有梳子、篦子、簪、釵、步搖、搔頭、金銀寶鈿等。段成式有詩形容婦女的頭飾：「出意挑鬟一尺長，金爲鈿鳥簇釵梁。」〔註4〕現在存留的唐代釵簪，確實在釵梁嵌上花鳥形狀的紋飾。

転首逗著一隻搖尾吐舌的小狗。另一貴婦則肩披白紗，身著羅裙，右手挑起紗衫，左手招弄小狗。兩人形成回應。另一貴婦凝視著手中的小花，似在沉思。其身後站著一個手執長柄團扇的侍女，低眉順眼。再向前又一貴婦手裡捏著一隻蝴蝶，回首望著悠閒的白鶴。遠處還有一位身披白紗的貴婦，婷婷而來。整個構圖遠近高低，錯落有致。人物形象則豐腴肥碩，神態安閒。勾線勁細流暢，風姿畢現。設色富豔濃麗，顯出肌膚的質感和服飾的輕薄。以寫實的表現手法傳達出雍容的情致。此圖的襯景如玉蘭、仙鶴、拂菻狗也反映了當時花卉。

〔註4〕《全唐詩》卷五百八十四〈柔卿解籍戲呈飛卿三首〉，https://zh.wikisource.org/wiki/%E5%85%A8%E5%94%90%E8%A9%A9/%E5%8D%B7584，2018.06.18。

第一節　巾幗風韻

巾幗也是一種假髻。這種假髻與髮髢不同，髮髢是頭髮稀少者摻入他人頭髮梳成的髮髻，而巾幗則是用假髮（如絲、毛等物）製成貌似髮髻的飾物，使用時直接套在頭上，無需梳挽。

在古代，「巾幗」一詞常被用作婦女的代稱，就因為它是婦女的專用之物。據《三國志・魏志》記載，諸葛亮出斜谷，屢次向司馬懿挑戰，司馬懿都避而不出。諸葛亮無可奈何，只能派人給司馬懿送去「巾幗婦人之飾」，一來發洩心中的憤懣；二來是想借此刺激對手，嘲諷他膽子太小，無男子氣概。〔註5〕

不過，這種假髻與上述的假髻有所不同，一般是在本身頭髮的基礎上增添一些假髮編成的髮髻；而巾則純為假髮製成的貌似髮髻的飾物，用時祇要套在頭上即可。從某種意義上說，它有點像一頂帽子。漢代婦女所戴的巾幗，目前還沒有看到實物，但在圖像資料中卻有所反映。如廣州市郊東漢墓出土的一件舞俑，頭上戴特大「髮髻」，髻上插髮簪數支，在「髮髻」底部近額頭處，有一道明顯的圓箍，使人一望便知，這是一種臨時戴上去的假髻（見圖4-1-1）。《後漢書・東平憲王蒼傳》傳：「今送光烈皇后（陰麗華（5年－64年3月1日），南陽郡新野縣（今河南新野）人。東漢光武帝劉秀原配，第二任皇后。漢明帝劉莊的生母。劉秀還是平民時曾道：「仕宦當作執金吾，娶妻當得陰麗華」。）假紒（髻）、帛巾各一」，假髻可以互送，當即指此類飾物。

圖 4-1-1：戴巾幗的漢代婦女

廣州市效東漢墓出土陶俑
出處：《中國歷代婦女妝飾》頁49

〔註5〕高春明，《中國服飾名物考》，上海：上海文化出版社，2001年，頁180。

　　唐代婦女也喜頭戴假髻，尤其在盛唐之後，更爲常見。一般婦女的頭髮還不足以達到挽成這種高髮髻的程度，所以假髮非常流行。或者在頭髮中墊上木頭做的假冠、髮墊等，把髮髻襯高。從《楊太眞外傳》記謂：「又妃常以假髻爲首飾，而好服黃裙。天寶末，京師童謠曰：「義髻拋河裏，黃裙逐水流。」」〔註6〕文中所說的「義髻」，當然不是本身的髮髻。對此，宋人朱翌在《猗覺寮雜記》中有所解釋：「外來之物曰「義」，如義兒是也。」〔註7〕又洪邁《容齋隨筆·人物以義爲名》：「衣裳器物亦然，在首曰義髻，在衣曰義襴義領。」〔註8〕從「義髻拋河裡」的「拋」字上也可體會出，楊貴妃所戴的髮髻，確實是一種義髻。

　　唐代婦女的義髻，在傳世畫作和雕塑中有不少反映，實物也有發現。這是由漢代的幗發展而來，用木或紙製作的，用時往頭上一戴就行。如新疆吐魯番阿斯塔那唐張雄夫婦墓中曾經出土一種用木頭與織錦製作的義髻（見圖4-1-2），以木爲骨，外加黑漆，再繪畫白色忍冬花紋，狀如半翻髻，外塗黑漆。從它底部的小孔及孔眼中金屬銹跡來看，顯然是曾經插有髮簪，應是死者的生前用物，由於當地氣候乾旱，髮髻保存得很好。同墓出土的不少女俑，頭上也戴有這種髮髻，髻上描繪著精緻的花紋，當是義髻的模型（見圖4-1-3）。

圖　號	4-1-2	4-1-3
說　明	木質義髻	戴義髻的唐代婦女
圖形		
出土地或現藏地	新疆吐魯番阿斯塔那唐張雄夫婦墓	新疆吐魯番阿斯塔那唐張雄夫婦墓
出　處	《中國歷代婦女妝飾》頁50	《中國歷代婦女妝飾》頁50

〔註6〕《唐宋傳奇集》卷七，文學古籍刊行社，1956年，頁269。
〔註7〕《猗覺寮雜記》卷上，商務印書館叢書集成初編本，1939年，頁24。
〔註8〕《容齋隨筆》卷八，上海：上海古籍出版社，頁106。

在新疆吐魯番唐墓還見有一種假髻，這種假髻以紙糊成，外塗漆，髻上繪有繁縟的花紋（見圖4-1-4）。其造型特徵與晚唐五代的峨髻相似。發掘報告稱其為「紙冠」，其實也是一種義髻。江蘇南京南唐二陵出土的陶俑中有不少戴這種義髻婦女（見圖4-1-5），反映了當時的風尚。

圖　號	4-1-4	4-1-5	4-1-6
說　明	紙質義髻	梳假髻的貴族婦女	戴義髻的五代婦女
圖形			
出土地或現藏地	新疆吐魯番唐墓出土	新疆柏孜克里克〔註9〕壁畫女供養人回鶻公主	江蘇南京南唐二陵出土陶俑
出　處	《中國歷代婦女妝飾》頁50	《服飾中華——七千藝術巨作（夏商周～隋唐五代之卷）》頁218	《中國歷代婦女妝飾》頁50

南唐是建都於南京的地方政權，宮廷中流行唐風，在南京的南唐前兩代君主陵中，也出土了一些女陶俑，多穿大衫、長裙，有的梳高髮髻，有的梳掩鬢的髮式，再戴高高的義髻，上邊有孔，似乎是留著簪花或鑲嵌珠寶用。南唐後主李煜的周后多才多藝，喜歡創製新式高髻，簪翠翹花朵。《南唐書·後妃傳》記載她「創為高髻纖裳及首翹鬢朵之妝，人皆效之。」這位皇后還是一位首飾和髮型設計師！

〔註9〕柏孜克里克千佛洞，位於中國新疆維吾爾自治區吐魯番市，是第二批全國重點文物保護單位。它始鑿於南北朝晚期，為高昌地區的佛教中心。其佛洞現存57個，其中40個還存壁畫，內容大多描述佛教故事及佛像，其中還有摩尼教洞窟、壁畫，是世上少有的保留摩尼教文化場所。它也是吐魯番現存洞窟最多、壁畫內容最豐富的石窟群。

第二節　簪釵鎏金

一、髮簪

　　髮簪的前身是髮笄。兩個名稱的交替時期，估計在戰國以後，漢代以前。髮簪的最初用途，僅僅是綰束頭髮，進入階級社會以後，則逐漸演變成炫耀財富、昭明身份的一種標幟，無論在選材、設計、製作等方面，都日臻完善。上古時期的石笄、蚌笄、竹笄、木笄、骨笄等相繼淘汰，取而代之的是玉簪、金簪、銀簪、玳瑁簪、犀簪、琉璃簪、翠羽簪及金鑲寶石簪等。

　　古代婦女將頭髮挽成髻鬟後，還要以簪釵貫連固定，以免髻鬟鬆散墜落。簪的本名叫「笄」。在中國封建時代，女子插笄，被視為標誌成年的人生大事，需要舉行儀式，稱為「笄禮」。笄禮源於周代，據《儀禮》等書記載，女子年滿十五，便被視為成人。在這以前，她們的髮式大多作成丫髻，還沒有插笄的必要。到十五歲時，如已許嫁可梳髻，這時就用得著髮笄了。古時稱女子成年謂「及笄」，就是這個意思。至於還沒有許嫁的及齡女子，最遲在二十歲也要舉行笄禮。已許嫁的女子舉行笄禮，被認為是一件喜事，所以儀式比較隆重，同時會宴請賓客。沒有許嫁的女子，笄禮就簡單得多，僅由一位婦人給及齡的女子梳一個髮髻，插上髮笄便是。禮畢，再取下髮笄，仍恢復原來的髮型。

　　在各類髮簪中，玉簪一直深受人們的喜愛。俗話說，黃金有價玉無價，一枝上品的玉簪，價值有時會超過金簪數倍，甚至達幾十倍之巨。這一方面固然是因為良玉難得，且歷久如新；另一方面也和玉質地有關，玉的表面看似堅硬，但實際上卻很脆弱，稍不留意，就會折斷，所以更顯珍貴。

　　唐宋以後，金銀髮簪的造型更為複雜，有的作花朵狀，有的作龍鳳形，也有以樹木、山水甚至人物形象來裝飾簪首的，髮簪的製作也更趨精良。在現存的髮簪遺物中，最為精美的首推翠羽簪。翠羽簪是用鳥類羽毛裝飾的簪。唐孟浩然〈庭橘〉詩：「骨刺紅羅被，香黏翠羽簪。」〔註10〕即指此。這種髮簪的製作過程十分複雜，先用金銀製成特定形體的簪架，簪架周圍高出一圈；中間凹陷的部分，用以黏貼羽毛。黏貼時先用膠水點進凹陷的底板，然後根據圖案需要來選擇羽的顏色（一般以翠綠色為多），剪好之後，即用鑷子夾貼

〔註10〕　《全唐詩》卷一百五十九〈庭橘〉，https://zh.wikisource.org/wiki/%E5%85%A8%E5%94%90%E8%A9%A9/%E5%8D%B7159#庭橘，2018.06.18

在塗膠的部位。這種加工製作首飾的方法，古時稱之爲「點翠」。由於鳥羽的色澤比較鮮豔，並配上一圈「金邊」（也有在金邊上嵌以寶石），故能產生一種華麗的裝飾效果。

銅簪和鐵簪的使用大多爲下層人民，但也有例外。如《新唐書‧漢陽公主傳》：「時戚近爭爲奢靡事，主獨以儉，常用鐵簪畫壁，記田租所入。」漢陽公主插戴鐵簪是爲了向人們顯示自己儉樸，無意和其他貴戚爭奢鬥富。本文舉「鐵簪」記錄「田租」這個例子，是爲了說明漢陽公主富貴而不炫其貴，位尊而不顯其尊。

玳瑁也是製作髮簪的上好材料，又作「瑇瑁」，或作「毒冒」。它是一種似海龜的爬行動物，甲殼爲黃褐色，有黑斑，色潤而質硬，富有光澤，特別適合製作裝飾品。以玳瑁製成的髮簪，早在漢代已經出現，漢〈樂府詩〉中就有「雙珠玳瑁簪，用玉紹繚之」〔註11〕之句。《後漢書‧輿服志》：「簪以瑇瑁爲擿，長一尺，端爲華勝，上爲鳳皇爵。」〔註12〕可見當時的玳瑁簪，形制已非常繁縟，以後歷代沿用不衰。唐温庭筠〈洞戶二十二韻〉：「素手琉璃扇，玄髻玳瑁簪。」〔註13〕都是對這種飾品的吟誦。玳瑁簪實物在考古發掘中出土甚少，目前還難以了解其形制。我們可以從古代詩文中，對這種髮簪有一個基本的認識。

犀簪是犀牛之角加工製作的髮簪。據說插上這種髮簪，頭上不會積有塵土。犀簪的形制有素、文之別，以文犀最貴。文者，指犀角本身的紋理、斑紋。從文獻記載來看，在漢魏時期，犀簪已屬名貴首飾，多用於貴戚。直到唐宋時期，仍達貴所看重。如韓愈〈南內朝賀歸呈同官〉詩：「豈惟一身榮，珮玉冠簪犀。」〔註14〕

琉璃是一種略帶透明的有色礦石質材料，據說古時從西域引進，常用作婦女的妝飾品。在唐代，由於「琉璃」兩字與「顚沛流離」的「流離」讀音相近，遂被改稱爲「玻璃」。以琉璃製成的髮簪，在考古發掘中也有發現。如湖南長沙市郊宋墓、浙江衢州王家宋墓等地，都出土過這種髮簪。從實物來看，玻璃髮簪的造型和工藝並沒有什麼顯著特色，在造型上是最簡單不過的了，其貴重之處，主要還在於材料。

〔註11〕 佚名，《樂府詩選‧有所思》，人民文學出版社，1957年，頁5。
〔註12〕 《後漢書》卷三十，北京：中華書局，1960年，頁3676。
〔註13〕 《温飛卿詩集箋注》，上海：上海古籍出版社，1980年，頁143。
〔註14〕 《韓昌黎詩系年集釋》，上海：上海古籍出版社，1979年，頁1222。

翠羽簪是以鳥類羽毛爲裝飾的一種髮簪，又名「翠毛簪」。唐孟浩然〈庭橘〉詩：「骨刺紅羅被，香黏翠羽簪。」〔註15〕李華〈咏史〉詩：「泥沾珠綴履，雨濕翠毛簪。」〔註16〕說的就是這種髮簪。翠羽簪的製作過程比較複雜，先用金銀製成特定形狀的簪架，簪架的外圍凸出一圈，中間的凹陷部分用來黏貼羽毛。黏貼時，先用黏液塗滿凹陷部位，然後選擇各種顏色的鳥羽（一般以藍色或翠綠色爲多），根據圖案需要剪成各種形狀，再用攝子貼入塗有黏液的部位。這種工藝被稱爲「點翠」；以點翠工藝製成的首飾，又稱「點翠頭面」。由於鳥羽的色澤比較鮮豔，再配上外圍一圈「金邊」（考究的還嵌上幾塊寶石），常能產生出富麗堂皇的裝飾效果。明清時期的翠羽簪實物，還有不少傳世，可惜因爲年代久遠，加之保存不易，簪上的鳥羽已脫落不少，但仍可看清它們的面貌。〔註17〕

唐代詩人李賀有詩云：「灰暖殘香炷，髮冷青蟲簪。」〔註18〕意思是愛人離開了，焚香已殘，女郎滿頭青絲之中只有青蟲簪閃現寂冷的光芒。青蟲是什麼？注釋家王琦彙解：「廣中有綠金蟬，大者如斑貓，其背作青綠泥金色，喜匿朱槿花中，一一相交，傳雲帶之令夫婦相愛，婦女多以爲釵簪爲飾。」原來這是一種很大的蟬，身上閃射青綠、金色光芒，喜歡躲在朱槿花梨裡相親相愛。也有人說牠就是金龜子，但人們還是把牠歸入蟬類。蟬這種普通的昆蟲本來有蟬蛻、長生的寓意，又有纏綿的諧音，再加上這個綠金蟬的浪漫傳說，自然爲人們所喜歡了。不過唐代的青蟲簪迄今尚未發現，倒是在江蘇發現了明代的玉葉金蟬簪子（見圖 4-2-1），應該就是青蟲簪。撥形玉簪原來可能是美麗的樂伎用來彈奏琵琶的撥子，後來奏完一曲，就隨手把它插在髮髻上，於是也成爲女郎的一種髮飾。在考古中還發現了它的實物，這和馮贊《南部煙花記》所載的隋煬帝的歌女朱貴兒所插「昆山潤色之玉撥」相合。

〔註15〕 《全唐詩》卷一五九，北京：中華書局，1960 年，頁 1620。
〔註16〕 《全唐詩》卷一五三，北京：中華書局，1960 年，頁 1587。
〔註17〕 高春明，《中國服飾名物考》，上海：上海文化出版社，2001 年，頁 94～97。
〔註18〕 《全唐詩》第 392 卷〈謝秀才有妾縞練，改從於人，秀才引留之不得，後生感憶 其三〉：「洞房思不禁，蜂子作花心。灰暖殘香炷，髮冷青蟲簪。夜遙燈焰短，睡熟小屏深。好作鴛鴦夢，南城罷搗砧。」

圖 4-2-1：墓主人頭部發現金蟬玉葉，應為貴族女子的髮簪

明　蘇州五峰山博士塢明代弘治朝進士張安晚家族墓地14號墓出土

歷朝歷代遺留下棧的髮簪實物十分豐富，其變化主要集中在簪首。爲便於辨別，特將其概括爲下列六種類型：

（一）圓頂型

簪身爲圓柱體，長 12-15 公分左右，頂端作成球狀或半球狀。絕大部分簪頂都素而無紋，也有少數作螺旋紋的。晉陸翽《鄴中記》裡所稱的「圓頂金簪」，即屬於這種類型。

（二）花頂型

簪身爲圓柱體，長 12～15 公分，頂端鏤齒精緻的花紋。常用的花形有梅花、蓮花、菊花和桃花等，有的花蕊部位雕齒出「福」、「祿」、「壽」等吉祥文字。花頂型髮簪，多見於元明清時期的墓葬。

（三）耳挖型

這類髮簪通常以金屬材料製成。早期實物以錦州北魏墓出土者爲代表，以銀製成，前端具耳勺，勺部呈螭口吞勺形，長 26 公分。唐代以後，簪身略扁，上端稍寬，至頸部明顯收細，頂端彎轉成勺形，長度一般在 7～13 公分之間。這類髮簪中也有用玉製成的，其形制與金屬所製者大體相同。帶有耳挖的髮簪，在民間又有「一丈青」之稱。

（四）如意型

簪身有圓形及扁形兩種，以金屬材料製成者，大多採用扁形，簪首彎轉，呈如意髮式，下端或作圓形或作尖形，以玉製成者，簪身則多作圓形。長約 12～14 公分。

（五）花朵型

金銀製成，簪身扁長，頂端另綴花朵，花蕊用珠玉鑲嵌，其形制大小不一，樣式也各不相同。花朵的形狀，有的注重寫實，常見的有牡丹、芙蓉和菊花等；有的強調裝飾。也有將幾種花朵合併在一枚髮簪上，這種髮簪多見於明清時期。

（六）動物型

以金、銀錘壓而成，簪身扁長，簪首飾以飛禽走獸，常見的有龍鳳、燕雀、麒麟、游魚及昆蟲等，其中以鳳簪最為多見，製作也最為精緻。鳳簪通常作成兩枚，並列插於雙鬢。從文獻記載來看，早在南北朝時，鳳簪已經在民間婦女中普遍使用。如梁吳均〈去妾贈前夫詩〉：「棄妾在河橋……鳳凰簪落鬢」〔註 19〕；唐斐虔餘〈柳枝詞詠篙水濺妓衣〉：「半額微黃金縷衣，玉搔頭嫋鳳雙飛」〔註 20〕等，都是歷代女子插戴鳳簪的明證。〔註 21〕

二、髮釵

在古代婦女首飾之中，還有一種髮釵的飾物。髮釵的作用與髮簪一樣，都用來插髮但髮簪作成一股，髮釵則作成雙股。兩者在用途上也有些區別。髮釵的產生比髮簪晚得多，現存較早的髮釵標本出土於河南鄭州商代遺址，那是一枚骨釵，以動物肢骨製成，釵股頭部磨得較尖，釵頭作長方形，上刻網紋。

髮釵種類繁多，僅文獻所載就有金釵、銀釵、銅釵、玉釵、寶釵、翡翠釵、玳瑁釵、琥珀釵、琉璃釵、辟寒釵、珊瑚釵、荊釵等等。為了對中國歷代髮釵形制的演變規律，能夠有一基本認識，將出土實物列成圖表，做一簡要介紹，如表 4-1 所示：

〔註 19〕《先秦漢魏晉南北朝詩》梁詩卷十一，北京：中華書局，1983 年，頁 1748。
〔註 20〕《全唐詩》卷五九七，北京：中華書局，1960 年，頁 6912。
〔註 21〕高春明，《中國服飾名物考》，上海：上海文化出版社，2001 年，頁 97～101。

表 4-1：各時期髮釵的演變

序號	1	2	3	4	5	6	7
圖例							
質料	銀	銅	金	玉頭銀身	骨	銀	銀鎏金
長度	19cm	17.7cm	7.5cm	10.5cm	9.4cm	34cm	27.6cm
出土地點	湖南衡陽東漢墓	湖南資興南朝墓	江西撫州晉墓	湖南長沙隋墓	江蘇揚州唐遺址	江蘇丹徒唐窖藏	廣東廣州唐墓
流行時期	漢魏	晉南北朝		隋唐五代			

序號	8	9	10	11
圖例				
質料	銀	金	金	鐵
長度	18cm	12.5cm	16cm	7cm
出土地點	四川成都南宋墓	江蘇蘇州元墓	四川重慶明墓	
流行時期	遼宋金元		明清	現代

來源：引述周汛、高春明著，《中國歷代婦女妝飾》，頁71。

　　為了對中國歷代髮釵形制的演變規律有一個基本認識，現將各地博物館收藏的部分實物列成圖表，並做一簡要介紹。

　　兩漢時期是髮釵的形成時期，這個時期的髮釵形制比較簡陋，通常金銀絲為之，兩端錘尖，於中部彎折合攏，形成平行的雙股（見表4-1：1）。三國時期的髮釵，仍保持著這種形式。兩晉南北朝時，髮釵的樣式有所變化，首先是兩股之間的距離明顯分開，頭部略呈方形（見表4-1：2）；以後又將彎折部分錘扁，製成「馬蹄形」。有時還將釵股的尖端朝外彎曲（一般多彎一股），製成一個彎鉤，以防止髮釵的墜落（見表4-1：3）。

　　隋唐時代，高髻盛行，髮釵的用途十分廣泛，髮釵的製作也精益求精。從大量實物來看，隋代的髮釵與兩晉南北朝時期的髮釵比較接近，但出現了一些細微的變化，如去掉了釵股上的彎鉤，將釵股一端的長度縮短，以便安插（見表4-1：5）。以兩種或兩種以上材料製成一件髮釵的作法，在此時也已基本形成。湖南長沙隋墓出土的一件髮釵便是用玉、銀兩種材料製成的。髮釵的釵頭用玉製作，在釵頭的兩端，各套上一根尖銳的銀管。湖南長沙市隋墓出土的一件釵頭，以青銅製成，長5公分，周身為四棱形，兩端中心各伸出一段尖針，顯然是連接釵股的插榫（見表4-1：4）。廣西欽州隋墓出土的一件釵頭，形制也與此基本相同，以玉為之，長3公分左右。以前，考古工作者在清理這種器物時，多將其看成是玉釵的殘件，其實這正是完整的釵頭。在釵頭上製作出各種花樣，也是這個時期髮釵的一大特徵，尤其在中晚唐以後，這個特徵反映得更加顯著。

　　花釵的形狀，通常是根據用途來設計的。單純用於固定髮髻的髮釵，其釵頭的花樣比較簡單，即便有些花樣，也大多作為點綴；用於裝飾的髮釵，要求就有所不同，這種髮釵實際已是一種鬢花，只有釵股作得較長，兼顧到插髮罷了（見表4-1：7）。在現存的花釵實物中，最為精美的要數安徽合肥五代墓出一件銀釵。在兩股銀製的釵樑上，用極細的銀絲編織出一對蝴蝶。蝶身用琥珀鑲成，蝶翅用銀絲絞織，蝶翅的邊緣，被捲成一排銀珠，這樣，蝶翅中部就顯得疏朗而透明。整個造型酷似翩翩飛舞的彩蝶，使人自然地聯想起唐人溫庭筠〈菩薩蠻〉〔註22〕中：「翠釵金作股，釵上蝶雙舞」的詩句（見

〔註22〕菩薩蠻，詞牌名。本為唐朝教坊曲。《宋史·樂志》稱為「女弟子舞隊名」。唐唐蘇鄂《杜陽雜編》稱，唐宣宗大中年間，女蠻國遣使者進貢，她們身上披掛著珠寶，梳著高高的髮髻，號稱菩薩蠻隊，當時教坊就因此製成《菩薩蠻曲》，《菩薩蠻》就成了詞牌名。唐宣宗愛唱《菩薩蠻》詞，令狐絢特命溫庭筠撰寫以進，即今《花間集》溫詞十四首。

圖 4-1-5）。晚唐以後，爲適應高髻的需要，還流行過一種極長的髮釵，釵頭不飾花樣，僅在釵樑刻以圖紋。這種類型的髮釵，在陝西西安、浙江長興以及江蘇丹徒的唐代遺址中都有發現。僅丹徒唐代遺址中，就發現 760 多件。它們的長度基本 30 公分以上，最長者竟達 38.5 公分，從一個側面反映了當時婦女崇尚高髻的情形（見表 4-1：6）。

　　遼宋時期的髮釵比較樸素。髮釵的形制又恢復爲兩股並列狀，與唐代以前相比，這個時期的釵股間距較窄，兩股緊貼；釵股本身還有粗細，通常是中部較細，至尖端處變粗，其作用顯然是爲了夾住頭髮，以免髮釵脫落（見表 4-1：8）。金元時期的髮釵，仍保持著這一基本特徵，直到元末，釵股之間的距離才逐漸加寬，兩股分開（見表 4-1：9）。

　　明清時期是中國手工業比較發達的時期，這個時期的髮釵，除繼承前代風格之外，在形制和花樣上也有不少創新。如四川重慶大竹林明墓出土的一件金釵，釵頭被製成朵雲形，朵雲之中精心雕琢出宮殿場景，其中虹橋、人馬、樹木、花草清晰可辨。金釵的背面，又以極小的字樣刻詩兩首。眞是玲瓏剔透，美不勝收（見表 4-1：10）。江西南城明墓出土的金釵也很有特色，釵首採用累絲方法製成一組「仙人樓閣」，凝神視之，只見樓台叠嶂，畫棟雕樑，花木扶疏，曲徑通幽。樓台之下，還有幾位仙人倘佯於奇花異草間。如此繁復的畫面，居然被巧妙地匯集於方寸之間，令人嘆爲觀止。〔註23〕

　　髮釵是古代婦女的妝飾用品，專用於髮髻的造型，尤其在梳挽高髻時，更是缺其不可。古代男子雖然也梳髮髻，但髻式簡單，通常只用髮簪綰住即可，無需髮釵。從出土實物分析，中國婦女普遍使用髮釵，是西漢以後的事情，歷經唐、宋、元、明、清諸代，一直到今天，髮釵在婦女的梳妝品中仍佔一席之地。現代婦女挽髮、盤髮用的髮夾，即由髮釵演變而來。

　　隋唐時代，高髻盛行，髮釵因而更起作用。從大量實物來看，隋代的髮釵與兩晉南北朝所流行的樣式基本相同，但爲了便於使用，所以有將釵股上的彎鉤去掉，或將其中一根釵股縮短等等。以兩種或兩種以上的材料製成的髮釵，是這個時期髮釵造型的又一特點。湖南長沙隋墓出土的一件髮釵（見圖 4-2-2），就是用玉、銀兩種材料製成的。在釵首作出各種形狀的花朵，也是這個時期髮釵的一個特徵；尤其在中晚唐以後更顯著。花釵的形狀，通常是根據用途來設計的。一般說來，安插髮髻的髮釵，釵首比較簡單，即使有些

〔註23〕　高春明，《中國服飾名物考》，上海：上海文化出版社，2001 年，頁 106～108。

花樣，也僅僅是一種點綴。用於裝飾的髮釵，要求就較高。這種髮釵實際上已是一種鬢花，祇是釵股較長，以便於固定髮式。晚唐以後，為穩定高髻，還流行過一種極長的髮釵，釵首不另飾花樣，僅在釵樑上刻上圖紋。江蘇丹徒的唐遺址中發現髮釵的長度一般在 30 公分以上，最長者接近 40 公分，見圖 4-2-3。

圖　　號	4-2-2	4-2-3
說　　明	玉首銀釵	刻花銀釵
圖形		
出土地或現藏地	湖南長沙隋墓出土	江蘇丹徒丁卯橋唐代銀器窖藏出土
出　　處	《中國歷代婦女妝飾》頁 64	《中國歷代婦女妝飾》頁 65

　　唐代髮釵上多飾鳳凰，西安南郊惠家村唐墓（約宣宗大中二年（848 年）入葬）出土雙鳳紋鎏金銀釵長 37 釐米，釵頭有鏤空的雙鳳及卷草紋，鳳凰抖翅欲飛，棲息於花樹上，造型極為美觀。

　　在瑞典斯德哥爾摩的 C.Kempe 手中就收藏了一支唐代的銀釵，上面有精美的鳥紋。近年在江蘇省鎮江、河南省洛陽杏園等地出土的唐代金釵上也有花鳥紋飾。在陝西省西安、廣東省廣州等地的唐代墓葬中也曾發現多種簪、釵、步搖等金銀飾物，都打造得十分精細美觀，顯示當時高度發達的手工業水準。

　　釵上飾花朵、葉片等，稱為花釵，也叫花樹，最為常見。每一個唐代的貴婦人都喜歡在髮髻上簪重重花樹。除敦煌壁畫所見外，廣州皇帝崗、浙江長興唐墓（見圖 4-2-4）等都有出土，製為花樹，上邊還有小鳥雀飛翔啁啾，或兩兩相對而啼，似在訴說美好情意，正是「金為鈿鳥〔註 24〕簇釵梁」的製

〔註24〕 鑲嵌金、銀、玉、貝等物的鳥形首飾。唐 段成式〈柔卿解籍戲呈飛卿〉詩之三：「出意挑鬢一尺長，金為鈿鳥簇釵梁。」

作。皇帝崗出土的多種花釵都是一式兩件，紋樣相同但圖像卻相反，以方便成對地左右插戴。

圖　號	4-2-4	4-2-5	4-2-6
說　明	鎏金銀花釵	銀鑲琥珀雙蝶釵	銀釵
圖形			
出土地或現藏地	浙江長興唐墓	安徽合肥西郊五代墓	江蘇邗江蔡莊五代墓
出　處	《中國歷代婦女妝飾》頁 65	《中國歷代婦女妝飾》頁 65	《中國歷代婦女妝飾》頁 67

　　也有製成朵朵菊花重疊的花釵，如西安唐墓出土的花釵就是。湖北安陸王子山也出土一件花釵，以金爲釵股，上嵌一圓形金花朵，鑲以寶石。也有用綠玉雕刻而成的花釵，連綴在長釵柄上，比如西安興慶宮（唐玄宗時期的政治重心，稱爲「南內」）遺址出土有六件玉雕花釵，長 10～15 公分，寬 2.8～4 公分，片狀，葉形，在晶瑩美觀的淺綠色玉上，兩面雕刻花紋。其中四件，在花葉上結出碩大的石榴。有一件在花叢中刻雙鴛鴦，另一件刻著一隻鳳鳥，都予以美好的寓意。

　　詩僧寒山有詩句描寫唐代女子：「綴裙金蛺蝶，插髻玉鴛鴦。」徐凝也有詩句：「鳳釵翠翹雙宛轉，出見丈人梳洗晚。」可以想見，當這些玉釵附在釵股上，一對對地相對而插，長長地招搖於唐代女郎的高髻上。《杜陽雜編》記載同昌公主出嫁時有「九玉釵，上刻九鸞，皆九色」。鸞是九色神鳥，青口、綠頸、紫翼、紅膺、丹足、紺頂、碧身、緗背、玄尾。九隻鸞皆具備九種顏色，煌煌光彩，雕鏤神奇。又記載龍角釵，類似玉石，上刻蛟龍形。唐詩中還有珊瑚釵、瑟瑟釵、翠雲釵等名目。

五代時詞人顧夐的〈酒泉子〉〔註25〕有句：「黛薄紅深，約掠綠鬟雲膩。小鴛鴦，金翡翠，稱人心。」這小鴛鴦、金翡翠如此精美，正令佳人稱心。還有「金蟲玉燕〔註26〕，鎖香奩，恨厭厭」，描寫了女郎平素喜愛的青蟲簪、玉燕釵，卻是因為主人的寂寞而被鎖在妝奩中。

西安也出土有用淺綠玉石雕刻的雙股玉釵，雖然沒有花飾，卻因為玉質純美而惹人喜愛。〈簪花仕女圖〉（見圖 4-2-7）中的女郎則只在頭髮上插成對的雙股金釵，既起固定髮髻的作用，又顯得素淨而華貴。

圖 4-2-7：周昉〈簪花仕女圖〉中女郎在頭髮上插成對的雙股金釵

出處：《中國美術全集——繪畫篇（2）》頁 59

〈長恨歌〉裡的楊貴妃拜託使者給唐明皇帶去自己的禮物，「釵留一股合一扇，釵擘黃金合分鈿。但教心似金鈿堅，天上人間會相見。」一般釵都是一對對地插在髮髻上，盒子都是由盒底和盒蓋合成。楊貴妃把一對金釵留著一股，把兩扇合成的鈿盒留著一扇，另一股釵、另一扇盒贈給遠方的愛人，一片深情，也不用言說了。

晚唐詩人溫庭筠有〈菩薩蠻〉之句：「翠釵金作股，釵上蝶雙舞。心事竟誰知，月明花滿枝。」寫的是釵上飛翔著的蝴蝶，這蝴蝶是什麼樣的呢？過去一直沒人知道，想不到從安徽合肥五代的南唐墓中竟然發現了蝴蝶釵（見圖 4-2-5）。這是兩件步搖，一件是在金釵頭上綴四隻飛舞的金絲蝴蝶，蝶下垂銀絲網，綴玉粒。另一件是雕刻著花朵的金釵上展開兩片金絲蝶翼，嵌以半月形玉片，下邊綴有銀絲網和朵朵梅花、葉片，正像〈簪花仕女圖〉裡的結條釵。溫庭筠的詞句正是對這兩件步搖蝶釵的描寫。在月下花間徜徉的女兒，

〔註25〕 五代後蜀·趙崇祚 編輯，《花間集》第 7 卷。
〔註26〕 金蟲又名綠金蟬，婦女的首飾製成金蟬之形。玉燕首飾如燕形。

心事由釵上的招展蝴蝶透露出來了。這種蝴蝶釵，流傳久遠，直到明清時候，詩詞裡還有蝴蝶釵的描寫。李珣〈臨江仙〉寫道：「不語低鬟幽思遠，玉釵斜墜雙魚，幾回偷看寄來書。」雙魚，含有比目魚成雙成對的嘉意。浙江長興縣出土有一件長 27.5 公分的銀釵，是一隻小魚口銜如意雲朵的形狀，十分可愛。

圖 4-2-8：唐 鎏金銀釵

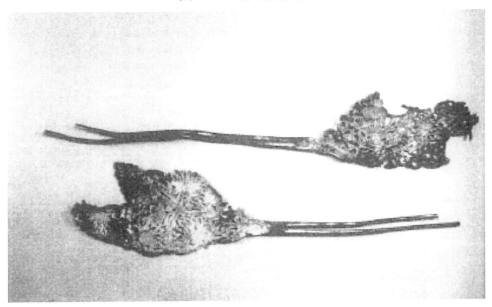

1956 年陝西西安南郊惠家村唐墓出土
出處：《中國服飾造型鑒賞圖典》頁 128

關於髮釵的安插方法，在詩文屢有敘及。常見的有橫插法；即兩鬢對插。五代時詞人閻選的〈虞美人〉詞：「小魚銜玉鬢釵橫」之句。所以同一種花釵，都是配對的。這對鎏金銀釵（見圖 4-2-8），釵頭像兩扇蝶翅，上鏤空成飛蝶、魚獸及菊花圖案。另這種插釵方式，在貴州平壩馬場晉墓即可見到。由於該墓出土前是密封沒有人進過，所以一切器物都保持原來位置，其中女屍頭骨四周的髮釵，就呈橫插形式。另有斜插法；如隋羅愛愛〈閨思詩〉就有「金釵逐鬢斜」的描述。〈簪花仕女圖〉中的貴婦，插釵方法也與此相同。此外，還有一種由下朝上反插的倒插法。至於髮簪安插的數量，一般視髮髻高低而定，髮髻越高安插越多。同一種髮釵（尤其是花釵），出土時一般都有配對的；它們圖案相同，方向卻相反，插戴時一左一右，正好成對。為了便於使用，

其中一根銀釵較短，這是唐代髮釵的獨特之處。紋飾精美，做工精巧，顯示出當時皇家作坊金銀工藝的高超水平。

花釵的插法也很有特色。從實物資料來看，絕大多數花釵在出土時都見有兩件；兩件髮釵圖案相同，方向卻相反，安插時一左一右，兩相對稱。這種插法過去一直鮮為人知，圖像也很少見到。揚州博物館文物庫房中看到一件木俑，出土於江蔡莊五代墓葬。木桶的腦後依附著兩件銀飾（見圖4-2-6），這正是髮釵的模型。這種銀釵的樣式與同墓出土的髮釵實物完全一致，只是大小不同而已。由於木俑本身體積較薄（厚度僅 1～2 公分），髮釵的模型就被釘在「髮髻」背部的邊緣。推其原委，當表示安插於兩鬢。不知是出土前的損壞還是出土以後的原因，兩件「髮釵」的釵頂全部被折向裡面，而原先顯然是朝外伸展的，至今還可以看到它與木俑相連處的彎折痕跡。值得注意的，在這件木俑顱後，還鑽有兩個小孔，地位一上一下，與現存「髮釵」對稱，估計原先也插有髮釵。據此推知，當時婦女在插戴這種髮釵時，一定是安插著四枚。

三、步搖

步搖也是古代婦女的重要首飾。文獻中多有記載，如《後漢書・和熹鄧皇后紀》：「又賜馮貴人王赤綬，以未有頭上步搖、環佩，加賜各一具。」〔註27〕晉傅玄〈有女篇〉：「頭上金步搖，耳繫明月璫。」〔註28〕唐羅虬〈比紅兒詩〉：「妝成渾欲認前朝，金鳳雙釵逐步搖。」〔註29〕

何為步搖？不妨從史籍中尋求答案。《詩・鄘風・君子偕老》有句云：「君子偕老，副笄六珈。」漢代經學家鄭玄在此句話下加了注腳：「副，既笄而加飾，如今步搖上飾。」〔註30〕《禮記・明堂位》：「夫人副褘立於房中。」鄭玄又注：「副，首飾也，今之步搖是也。」〔註31〕《周禮・天官・追師》：「掌王后之首服，為副、編、次、追、衡笄。為九嬪及外內命婦之首服，以待祭祀賓客。」鄭玄再次加注：「副之言覆，所以，覆首為之飾，其遺象若今步搖

〔註27〕　《後漢書》，卷十，北京：中華書局，1965年，頁421。
〔註28〕　《先秦漢魏晉南北朝詩》晉詩卷一，北京：中華書局，1983年，頁557。
〔註29〕　《全唐詩》卷六六六，北京：中華書局，1960年，頁7625。
〔註30〕　《毛詩正義》卷三，北京：中華書局十三經注疏本，1980年，頁313。
〔註31〕　《禮記正義》卷三十一，北京：中華書局十三經注疏本，1980年，頁1489。

矣。」〔註32〕經文中三次出現「副」字，鄭玄均加以說明，在鄭玄眼裡，漢代的步搖，即商周時期的副。

　　鄭玄認爲副即「今之步搖」；毛亨認爲副是「編髮爲之」的假髻；若以此推理，步搖豈不就是假髻？其實兩者並不是一回事。後世學人受此影響，常常將步搖與假髻混爲一談。如唐劉存《事始》引《實彔》：「步搖，以髮爲之，如今鬘。」〔註33〕這種牽強附會的解釋，往往使人如墜五里霧中，不知所云。一直到宋代以後，才有人糾正了這一謬誤。見《采蘭雜志》：「人謂步搖爲女髻，非也。蓋以銀絲宛轉屈曲作花枝，插髻後，隨步輒搖，以增媚婧，故曰「步搖」。」〔註34〕原來步搖是一種插在髻上的飾物，上綴可以搖動的「花枝」，走起路來隨著步履的顫動會不停搖曳，故名「步搖」。

　　文獻中最早出現「步搖」之名的是辭賦〈風賦〉，其云：「主人之女，垂珠步搖。」〔註35〕這篇作品長期以來一直被認爲是宋玉所作；若是，那麼早在戰國時期，中國婦女己開始以步搖爲首飾了。關於當時步搖的具體形制，辭賦中雖然沒有交代，但卻透露了一個重要的細節，即在這種首飾上綴有「垂珠」。與此相同的記載，還見於漢代劉熙的《釋名》：「步搖，上有垂珠，步則搖也。」〔註36〕說明「垂珠」是早期步搖的一大特徵。隨著佩戴者腳步的顫動而搖曳的，還不是後來所說的花枝，而是這些垂珠。〔註37〕

　　唐代是胡風、胡俗相當盛行的時代，因此被稱爲具有「國際性」。不只是胡服、胡帽等服裝，甚至是胡食、胡樂、胡妝也受到朝野人士的歡迎。《舊唐書》卷四十五〈輿服志〉記載「太常樂尚胡曲，貴人御饌，盡供胡食，仕女皆竟衣胡服」。《舊唐書》的內容應該是敘述唐代普遍的風潮，但是《安祿山事蹟》〔註38〕卷下，記載「天寶（742～756 年）初，貴游士庶好衣胡服，爲豹皮帽，婦人則簪步搖（隨著步行而搖動的明亮頭飾），襟衣之制度，衿袖窄小。識者竊怪之，知其（戎）兆矣」，顯然是在指盛唐玄宗時代的現象。〔註39〕

〔註32〕　《周禮注疏》卷八，北京：中華書局十三經注疏本，1980 年，頁 693。
〔註33〕　《說郛》卷十，上海商務印書館，1927 年排印本。
〔註34〕　《說郛》卷三十一，清順治三年宛委堂刊行本。
〔註35〕　《太平御覽》卷七一五，北京：中華書局，1960 年，頁 3175。
〔註36〕　《釋名》卷四，商務印書館叢書集成本，1939 年，頁 74。
〔註37〕　高春明，《中國服飾名物考》，上海：上海文化出版社，2001 年，頁 114～115。
〔註38〕　《安祿山事蹟》三卷，爲《唐開元小說六種》所收。
〔註39〕　森安孝夫，張雅婷譯，《絲路、遊牧民與唐帝國》，新北市：八旗文化，2018，頁 205～206。

圖　號	4-2-9	4-2-10
說　明	插步搖的婦女	插步搖的婦女
圖形		
出土地或現藏地	根據陝西乾縣唐李重潤墓出土石刻描繪	陝西乾縣唐李仙惠出土石刻
出　處	《中國歷代婦女妝飾》頁 58	《中國歷代婦女妝飾》頁 58

　　唐代婦女對妝飾非常重視，步搖的使用也十分普遍，文獻中有不少記載。如《新唐書‧五行志》稱：「天寶初，貴族及士民好爲胡服胡帽，婦人則簪步搖釵，衿袖窄小。」〔註40〕王讜《唐語林》記載：「長慶中，京城婦人首飾，有以金碧翠，笄櫛步搖，無不具美，謂之「百不知」。」〔註41〕。唐詩中也有不少吟誦，如顧況〈五郎中妓席五詠〉詩則有：「玉作搔頭金步搖」〔註42〕；和凝〈臨江仙〉詞：「鳳凰雙颱步搖金」〔註43〕等等。在眾多的步搖飾中，最爲精美別緻的恐怕就是楊貴妃的鎮庫紫磨金步搖了。據說這件步搖是唐明皇派人從麗水取來上等材料，經常時名師精心製成後送與楊貴妃的。姚汝能《安祿山事蹟》對此記述頗詳：「天寶四載七月……於鳳凰圓冊太眞宮女道士楊氏爲貴妃。……是夕，授金釵鈿合，上又自執麗水鎮庫紫磨金琢成步搖，至妝閣親與插鬢。」〔註44〕

〔註40〕　《新唐書》卷三十四，北京：中華書局，1975 年，頁 879。
〔註41〕　《唐語林》卷六，上海：上海古籍出版社，1978 年，頁 223。
〔註42〕　《全唐詩》卷二六七，北京：中華書局，1960 年，頁 2968。
〔註43〕　《花間集》卷六，人民文學出版社，1958 年，頁 107。
〔註44〕　《安祿山事蹟》卷上，清宣統三年葉氏觀古堂刊本。

從現存的文物資料來看，唐代婦女的步搖形制，比漢魏時期又有很大的變化，一般多用金玉製成鳥雀之狀，在鳥雀的口中，掛銜著珠串，隨著人體的走動，珠串便會搖顫。陝西長安唐武后如意元年（692 年）韋泂墓出土的壁畫、乾縣神龍二年（706 年）李重潤墓石刻（見圖 4-2-9）等，都繪有插這種步搖簪的婦女形象。永泰公主墓出土的石槨線刻中也有一例（見圖 4-2-10），其器身雖然不作鳥狀，但也屬於同一類型。除《楊妃外傳》說唐玄宗叫人從麗水取最上等的鎮庫紫磨金，琢成步搖親自給楊貴妃插於鬢上。「雲鬢花顏金步搖」是唐詩人對楊貴妃的描寫。安徽合肥西郊南唐保大年間墓出土 1 件金鑲玉長 28 公分的步搖，上端像雙翅展開，鑲著精琢玉片花飾，其下分垂珠玉串飾。另一件長 18 公分，頂端有四蝶紛飛，下垂珠玉串飾的銀步搖，製作都極精緻。

圖 4-2-11：畫面左端開始的貴族婦女，鬢前飾玉步搖，珍珠在不停地搖晃

〈簪花仕女圖〉局部
出處：《中國美術全集——繪畫篇（2）》頁 59

〈簪花仕女圖〉（見圖 4-2-11）上的仕女們高髻上除了簪戴絹花、花鈿、固定髮髻用的雙股金釵，還有絲網狀步搖，或用金屬絲編結成花朵，然後長長地挑出；或在絲條上墜下參差錯落的一串串星星、小花朵、小珠串等，在峨髻上輕輕搖曳。這應該就是古詩裡說的結條釵，使用了金屬絲編結的結條工藝來製作。結條釵上或加彈簧，即使不加，輕盈的金銀絲也可以使得釵上

的小飾物隨著女郎的步伐跳盪不停，或在清風裡輕輕飄拂。五代和凝的〈宮詞〉中有詩云：「紅羅窗裡繡偏慵，嚲（下垂之意，「…嚲袖垂鬢，風流秀曼」）袖閒隈碧玉籠。蘭殿春晴鸚鵡睡，結條釵颭落花風。」〔註45〕春日裡的晴和天氣，是叫人困倦慵懶的，詩人筆下的宮女刺繡倦了，連鸚鵡也睡了，她偎依在碧玉熏籠上，只有頭上的用細金屬絲編結的釵串叮咚輕搖，風吹拂過來，如落花飛揚起來似 （見圖 4-2-12、4-2-13）。

圖 號	4-2-12	4-2-13
說 明	金鑲玉步搖	金鑲玉步搖
圖 形		
出土地或現藏地	安徽合肥西郊五代墓出土	安徽合肥西郊五代墓出土
出 處	《中國歷代婦女妝飾》頁 68	《中國歷代婦女妝飾》頁 68

　　女子們在髮髻上把金銀步搖、簪子、花釵、花鈿等一起簇插，耀人眼目，稱為寶髻，也稱為百不知（見圖 4-2-14、4-2-15、4-2-16）。在前述《唐語林》〔註46〕記載：「長慶中，京城婦人首飾，有以金碧珠翠，笄櫛步搖，無不具美，

〔註45〕《全唐詩》卷七三五，北京：中華書局，1960 年。
〔註46〕北宋王讜小說作品，凡八卷。仿南朝《世說新語》的體例，撰寫《唐語林》，按內容分門記述，共五十二門，取材唐人五十家筆記小說，重在倫理教化。明初亡佚，僅有嘉靖初年齊之鸞所刻殘本，清代乾隆時修《四庫全書》，從《永樂大典》中編成四卷，以《補遺》的名義附後，始有足本八卷。今有《聚珍板》本、《惜陰軒叢書》本、《墨海金壺》本、《守山閣叢書》本。

謂之「百不知」。」〔註47〕這樣的裝扮，真到了富麗堂皇的地步！唐代社會高度發達，崇尚奢靡之風，盛裝的婦女們滿頭珠翠，富麗堂皇之極。由此可見，步搖是唐代婦女的重要首飾之一，這和考古成果可相互印證。

　　在甘肅榆林窟 16 窟甬道壁畫中，有五代回鶻公主身著回鶻裝，頭戴桃形寶冠，飾步搖，上嵌瑟瑟珠，背後有垂帶（見圖 4-2-17）。面部化妝有花靨，頭戴多重珠寶串飾，身著翻領、窄袖、通裾大襦。翻領和袖口有精美的鳳鳥花草紋錦繡紋樣。在敦煌壁畫中如此精細寫實的紡織品紋樣十分難得。

圖　號	4-2-14	4-2-15
說　明	梳寶髻的婦女	梳寶髻的貴族婦女
圖　形		
出土地或現藏地	成都撫琴臺前蜀王建墓出土石棺四周浮雕舞樂人	唐　周昉〈簪花仕女圖〉局部
出　處	《服飾中華──七千藝術巨作（夏商周～隋唐五代之卷）》頁 224	《中國美術全集──繪畫篇 2》頁 59

〔註47〕　（宋）王讜，《中華經典典藏系列·唐語林》卷六，光明日報出版社，2014 年 09 月。

圖　號	4-2-16	4-2-17
說　明	盛唐都督夫人頭插步搖	回鶻公主頭飾步搖
圖　形		
出土地或現藏地	敦煌莫高窟 130 窟 樂庭瓌夫人太原王氏供養像	甘肅榆林窟 16 窟甬道壁畫
出　處	《服飾中華──七千藝術巨作(夏商周〜隋唐五代之卷)》頁 213	《中國服飾造型鑒賞圖典》頁 59

四、櫛具

　　櫛是古人用以梳理頭髮的用具。《詩·周頌·良耜》:「其崇如墉,其比如櫛。」宋朱熹集傳:「櫛,理髮器。」〔註48〕《禮記·曲禮》:「男女不雜坐,不同椸枷,不同巾櫛,不親授。」〔註49〕這裡的「巾」指浴巾,浴巾和櫛具,都和髮膚直接接觸,所以在當時不准男女同用。

　　櫛為總名。具體可分類兩類:一類為梳;一類為篦。《說文·木部》:「櫛,梳比之總名也。」〔註50〕梳也作「疏」、「疎」;「比」為篦的本字。湖南長沙馬王堆 1 號漢墓出土的書簡有「疎比一具」之句;居延漢簡則有「疏比一具」之語。《史記·匈奴列傳》:「單于自將伐國有功,甚苦兵事,服繡袷綺衣、繡袷長襦、錦袷袍一,比餘一」。司馬貞《索隱》引《廣雅》:「比,櫛也。」〔註51〕梳篦兩者的區別,主要看齒:齒粗者稱「梳」,齒細而密者稱「篦」。〈倉頡篇〉:「靡者為比,粗者為梳。」〔註52〕《釋名·釋首飾》:「梳言其齒疏也。數者

〔註48〕　《詩集傳》,劉氏傳經堂叢書本。
〔註49〕　《禮記正義》卷二,十三經注疏本,北京:中華書局,1980 年,頁 1240。
〔註50〕　《說文解字》,北京:中華書局,1963 年,頁 121。
〔註51〕　《史記》卷一一○,北京:中華書局,1959 年,頁 2897。
〔註52〕　見《史記·匈奴列傳》索隱,北京:中華書局,1959 年,頁 2897。

日比。」王先謙《釋名疏正補》稱：「數，密也。」〔註53〕

　　櫛齒的粗細、疏密，有著不同的用途。梳齒粗疏，多用來梳理頭髮。篦笘之齒細密，則用來理髮垢。古人蓄髮不剪，頭髮長了難免藏污納垢；有時因禮儀的需要（如守孝服喪），不能沐浴，時間一久，就會長出蟣虱。這時，只有用篦笘來清理。史游《急就篇》：「鏡奩疏比各異工。」唐顏師古注：「櫛之大而粗，所以理鬢者，謂之疏，言其齒稀疏也；小而細，所以去蟣虱者，謂之比，這其齒密比也。皆因其體而立名也。」〔註54〕《說文·竹部》：「笘，取蟣比也」段玉裁注：「蟣者虱子，云取蟣比者，比之至密者也，今江浙皆呼篦笘。」〔註55〕說的就是這個意思。〔註56〕

　　梳篦已有五千年以上的歷史。在漫長的歷史進程中，梳篦的形制發生了很大的變化，在梳子尚未發明以前，人們多以手指梳理頭髮，要等到新石器時代中期，梳子才開始出現。梳篦在古時是人手必備之物。尤其是婦女，幾乎梳不離身，時間一久，便形成插梳的風氣。揚州三元路唐墓出土的一件金櫛（見圖4-1-8），櫛是梳、篦的總稱，即可梳理頭髮，又可作為裝飾。婦女在鬢上插櫛的習俗，早在四千多年前就已出現，隋唐五代更盛行，不僅插梳，也喜插篦，

圖 4-1-18：刻有花鳥圖案的金櫛

江蘇揚州三元路唐代遺址
出處：《中國歷代婦女妝飾》頁 79

製作材料有金、銀、玉、角等，如詩詞中有：「翠鈿金篦屬舍」、「斜插銀篦慢裹頭」、「玉梳鈿朵香膠解」、「白似瓊瑤滑似苔」等句。櫛用薄金片錘鍱鏨刻而成，蔓草紋為地，襯托兩個伎樂飛天。周邊用蓮瓣紋、聯珠紋、魚鱗紋、蝴蝶紋、纏枝梅花紋等五重紋帶。下部財剪製成梳齒狀。整個紋飾細密繁復，雍容富貴，具有唐朝金銀器紋樣的典型風格。〔註57〕

〔註53〕　《釋名疏正補》卷四，清光緒二十二年刊本。
〔註54〕　《急就篇》，商務印書館，1934年，頁186。
〔註55〕　《說文解字注》，上海：上海古籍出版社，1981年，頁191。
〔註56〕　高春明，《中國服飾名物考》，上海：上海文化出版社，2001年，頁122～123。
〔註57〕　孔德明主編，《中國服飾造型鑒賞圖典》，上海：上海辭書出版社，2008年，頁129。

　　隋唐五代的梳篦，多作成梯形，高度明顯降低，樣式從豎式向橫式過渡，其質料及裝飾視用途而別。如用以梳髮的，大多用牛角、象牙或玉製成，造型也比較簡單，很少有紋飾。江蘇丹徒丁卯橋出土的實物可資佐證。至於插髮用的梳篦就比較講究，裝飾也比較複雜。通常以金屬材料（如金片、銀片、銅片等）為之，上飾精細的紋樣。湖南長沙南門紙園沖唐墓出土的銅梳（見圖 4-2-19），就屬於這種類型。由於銅片較薄，出土時已成殘件，但仍可看清它的基本形制，甚至連梳把上的圖案，都清晰可辨。與此類似的梳子，還見於江蘇揚州唐墓的實物（見圖 4-2-20）。該梳以金片製成，梳把中央透雕著雙鳳圖案，周圍還飾有數層花邊。

圖　號	4-2-19	4-2-20
說　明	刻有花鳥圖案的銅梳	金櫛
圖形		
出土地或現藏地	湖南長沙紙園沖唐墓	甘肅榆林窟 16 窟甬道壁畫
出　處	《中國歷代婦女妝飾》頁 74	《中國服飾造型鑑賞圖典》頁 129

　　梳篦原本用於梳理頭髮，清除髮垢，但後來漸漸發展成一種飾物。中國自古便注重禮儀，人們對自己的儀容裝飾十分重視。晉傅咸〈櫛賦〉云：「我嘉茲櫛，惡亂好理。一髮不順，實以為恥。」〔註 58〕為保持鬢髮整潔不亂，古人身邊常備有梳篦，以便隨時加以梳理。梳篦是古代男女必不可少生活用品。例如在中國邊遠地區的遺址中，發現在一些漢代的烽塞要隘，常留有守關士吏和戍卒的遺物，這些遺物非常簡陋，反映了當時屯戍生活的難苦。但即便是在那樣的生活環境中，梳篦仍為必備之物，實物有不少出土。而中原地區的婦女，平時是梳不離身。時間一長，漸形成插梳的風氣。

〔註 58〕　《藝文類聚》卷七十，北京：中華書局，1965 年，頁 1225。

　　梳篦從實用品演變爲裝飾品，經歷了漫長的過程。早在四千年前，中原地區的原始居民，已經開始以梳插首，雖不能肯定是爲了裝飾，或許還和宗教、葬俗有一定關係，但可以看成爲後世插梳習俗的濫觴。

　　進入唐代，插櫛成了一種風尚而流行開來。無論是宮娥嬪妃，還是士庶婦女，都喜歡在髮髻上插以櫛具，圖 4-2-21 張萱畫的〈搗練圖〉中，婦女們頭上同時插幾把小梳篦。這種裝飾的方法始於盛唐，中晚唐時仍很流行，梳子插戴的數量不一，描寫滿頭小梳的詩句也很多，如前述王建的〈宮詞〉中「歸來別賜一頭梳」。還有溫庭筠詞中的「小山重迭金明滅」都是形容當時婦女頭上金銀牙玉小梳背在頭髮間重迭閃爍的情形。詩人元稹的〈恨妝成〉一詩中有「滿頭行小梳，當面施圓靨」的句子，就是在描述這種裝飾頭面的習慣。另在康駢〈劇談錄〉中即有這方面記載：「見廳事有女人戴金翠冠，著紫繡衣，據案而坐，左右侍者皆黃衫金櫛，如宮內之狀。」〔註59〕

圖 4-2-21：上圖黃圈標示為插梳的婦女，下圖為插梳婦女頭飾的放大圖

唐　張萱〈搗練圖〉，現藏美國波士頓博物館
出處：《服飾中華——七千藝術巨作（夏商周～隋唐五代之卷）》頁 211

　　從文獻記載來看，當時婦女所插的櫛具，不僅有梳，而且有篦。白居易〈琵琶行〉：「鈿頭雲篦擊節碎，白色羅裙翻酒污」〔註60〕；溫庭筠〈鴻臚寺……

〔註59〕　《中國社會史料叢鈔・甲集》，上海：上海書店，頁 88。
〔註60〕　《全唐詩》卷四三五，上海：上海古籍出版社，1986 年，頁 1076。

偶成四十韵〉詩:「豔帶畫銀絡,寶梳金鈿筐」〔註61〕;毛熙震〈浣溪沙〉詞:
「慵整落釵金翡翠,象梳敧鬢月生雲」〔註62〕等,都是對當時婦女插戴梳篦
的形容。唐代櫛具在製作上愈益講究,選材也更爲豐富。常見的有金櫛,如
薛昭蘊〈女冠子〉「翠鈿金篦盡舍」〔註63〕中的金梳篦;有銀製,如花蕊夫人
〔註64〕〈宮詞〉「斜插銀篦慢裹頭」〔註65〕中的銀篦;有玉製,元稹〈六年春
遣懷〉「玉梳鈿朶香膠解」〔註66〕裡的玉梳;有犀角製,見《安祿山事蹟》:「太
眞賜(安祿山)金平脫裝一具,……犀角梳篦、梳子一」〔註67〕,又如唐人
詩「斜插犀梳〔註68〕雲半吐」中的犀角梳;有白角製,見羅隱〈白角篦〉「白
似瓊瑤滑似苔」〔註69〕中的白角製品等。

梳篦的插戴方法也很多,隨各人的喜好或插一把、數把,或滿頭小梳,
並和其它的簪釵鮮花等首飾同時使用。其插戴方法有橫插法;如敦煌莫高窟
148 窟壁畫(見圖 4-2-22),唐代貴婦都在髮髻上插梳裝飾,梳和篦的質地有
金、銀、玉、犀牛角、白角等。插梳篦的方法有,在高髻前橫插一把梳篦,
梳篦的橫樑露在外面,還有在高髻上插多把梳篦的,所以唐詩有「犀梳斜觶
鬢雲邊」〔註70〕,五代也有「歸來別賜一頭梳」的詩句,及宋詞「斜插犀梳
雲半吐」〔註71〕。早期梳與漢代相近,多作半圓式;唐代作月牙式,至北宋
有方折式大及一尺。壁畫中貴婦高髻上對插兩把大梳,這是中唐以後梳篦的
流行插法,已接近宋代的「冠梳」樣式。

〔註61〕 《全唐詩》卷五八三,上海:上海古籍出版社,1986 年,頁 1487。

〔註62〕 《全唐詩》卷八九五,北京:中華書局,1960 年,頁 10115。

〔註63〕 《花間集》卷三,人民文學社,1958 年,頁 55。

〔註64〕 花蕊夫人(?～976 年),是後蜀後主孟昶的寵妃,姿色美豔,封慧妃,青城
(今成都都江堰市東南)人,徐氏。花蕊夫人是五代十國時著名的女詩人,
著有《花蕊夫人宮詞》。《全唐詩》中將其詩歸爲孟昶妃所著。

〔註65〕 《全唐詩》卷七九八,北京:中華書局,1960 年,頁 8971。

〔註66〕 《全唐詩》卷四〇四,北京:中華書局,1960 年,頁 4513。

〔註67〕 《安祿山事蹟》卷上,清宣統三年葉氏觀古堂刊本。

〔註68〕 犀角製的梳子。唐唐彥謙〈無題〉詩之二:「醉倚欄杆花下月,犀梳斜觶鬢
雲邊。」宋司馬樞〈黃金縷〉詞:「斜插犀梳雲半吐。檀板清歌,唱徹〈黃
金縷〉。」

〔註69〕 《全唐詩》卷六五六,北京:中華書局,1960 年,頁 7545。

〔註70〕 唐 唐彥謙〈無題〉詩之二:「醉倚欄杆花下月,犀梳斜觶鬢雲邊。」

〔註71〕 宋 司馬樞〈黃金縷〉詞:「斜插犀梳雲半吐。檀板清歌,唱徹〈黃金縷〉。」

圖　號	4-2-22	4-2-23
說　明	髮髻上插梳	插梳的婦女
圖　形		
出土地或現藏地	敦煌莫高窟 148 窟壁畫	湖南長沙咸家湖唐墓出土陶俑
出　處	《中國服飾造型鑒賞圖典》頁 125	《中國歷代婦女妝飾》頁 75

　　另外還有斜插法，就是在髮髻上斜著插梳，或單獨插一把，或對稱斜插兩把。另有背插法，即在髮髻的背後插梳一把。這類形象在繪畫〈調琴啜茗圖〉（見圖 4-2-24）和湖南長沙咸家湖唐墓出土的瓷俑（見圖 4-2-23）中都可看到，並在現今的許多少數民族地區仍有沿用。中唐以後，插梳的方法更為奇特，在周昉的〈揮扇仕女圖〉及敦煌莫高窟 196 窟的供養人壁畫中的婦女喜歡同時插兩把大梳，梳齒上下相對，已經接近宋代「冠梳」的樣式。看似沉重的插梳其實並不沉重，因為很多的金銀梳都是用薄金片剪成的，專為插或者貼在頭上使用，並不能真的梳頭。

圖 4-2-24：插梳的婦女，右圖為放大特寫

唐　周昉〈調琴啜茗圖〉
《中國美術全集──繪畫篇（2）》序頁 13

　　這時的梳篦，多做成梯形或半月形，做成半月形的梳子常常被詩人們以月亮來比喻，如「月梳斜」。以前很高的梳背高度也明顯降低，其質料和裝飾也因用途而有所區別，如用來梳髮的大多用牛角、象牙或玉製成，造型比較簡單，紋飾也很少。而用於插髮的梳篦就很講究，裝飾也較爲複雜。它們通常用金、銀、銅片製成，上面裝飾著很精緻的花紋。如江蘇揚州三元路唐墓出土的鏤花金梳，梳把的中央透雕成雙鳳紋，周圍還飾有數層花邊。在敦煌莫高窟的晚唐壁畫中也可以見到在頭髮中插上小梳子的婦女形象。這時的梳子，裝飾也十分華麗。唐墓中出土的梳子，有用牛角做成的，上面裝飾有金質的梳背，梳背上打齒出精細的花鳥紋樣。這種梳子已經不只是用來梳理頭髮的工具，而是一種華貴的裝飾品。

　　模壓主要是運用加熱、加壓的方法，在金屬梳篦或包鑲金、銀的櫛背上塑造出紋樣，紋飾樣繁縟，富麗堂皇。這種裝飾手法，唐代開始盛行，一直持續至明代。唐代，金屬梳篦上的模壓紋樣，以花卉、飛鳥、飛天的題材，最爲常見。〔註72〕

圖 4-2-25：金梳背

現藏陝西歷史博物館
出處：《中華梳篦六千年》頁155

　　陝西西安南郊何家村唐代窖藏出土的這件金梳背（見圖 4-2-25）是迄今已知保存最好，自上而下遍飾細密的紋紋樣，背脊的邊緣用細如棉線的金絲掐編成抱合式卷草紋樣焊接其上，並在外圍以金珠連接出 4 個連弧形邊飾；弧線以下又以掐絲焊接出的卷草紋樣作底襯，葉片狀的花結中塡以密滿的魚子般大的金珠；下沿的邊飾也以金絲掐編且附以細密的金珠焊綴。〔註73〕工藝最精，形制最巧，紋飾最特別的髮飾品。金梳背由兩層金

<hr>

〔註72〕楊晶，《中華梳篦六千年》，北京：紫禁城出版社，2007 年 8 月，頁 154。
〔註73〕同上，頁 155。

片剪裁合併成型。頂端的掐絲工藝和主題紋上金珠焊綴工藝的嫻熟運用，反映出了高超的工藝水準。從梳背的尺寸和工藝來看，這件金梳背應爲裝飾用梳而非梳理用品。

圖　號	4-2-26	4-2-27	4-2-28
說　明	兩梳對插的婦女	滿頭插梳的婦女	插梳的婦女
圖形			
出土地或現藏地	〈揮扇仕女圖〉局部	〈宮樂圖〉局部	〈搗練圖〉局部
出　處	《中國美術全集——繪畫篇（2）》頁 54	《中國美術全集——繪畫篇（3）》頁 18	《服飾中華——七千藝術巨作（夏商周～隋唐五代之卷）》頁 211

　　唐人插戴梳篦，有許多不同的方法，這在唐代畫塑中有不少反映，從圖像上看，最普通的做法是在髮髻前橫插一把梳篦，梳篦的脊背做得較高，裝飾也比較精緻，安插後這一部分正好露在髻外，從而起到裝飾作用。唐代畫家周昉的傳世繪圖〈揮扇仕女圖〉中，也繪有作這種妝式的婦女形象（見圖4-2-26）。還有一種插戴方法是在兩鬢部位插以小櫛，左右各一。再有一種插戴方法，即在髻前、髻後和兩鬢，同時安插數枚櫛具。因安插數量較多，髮髻地位有限，故將櫛具製作得很小。唐人〈宮樂圖〉、〈雙陸圖〉及〈搗練圖〉中的婦女，即作這種妝式（見圖 4-2-27、圖 4-2-28）。元稹〈恨妝成〉詩中有句云：「滿頭行小梳，當面施圓靨」〔註74〕；王建〈宮詞〉中也有「舞處春風吹落地，歸來別賜一頭梳」〔註75〕的吟誦，說的就是這種妝式。

〔註74〕　《全唐詩》卷四二二，北京：中華書局，1960 年，頁 4637。
〔註75〕　《全唐詩》卷三〇二，北京：中華書局，1960 年，頁 344。

這種廣插櫛具的做法，在晚唐時，曾引起過朝廷的注意，議者以為靡費過度，有礙風化，乃奏請阻止。大和二年（828 年），文宗親下諭旨，並從身邊的眷屬開始禁起。《舊唐書・文宗本紀》：「丁巳，命中使於漢陽公主及諸公主第宣旨：今後每遇對日，不得廣插釵梳，不須著短窄衣服。」〔註 76〕但是這種做法並未奏效。直到五代，仍有不少婦女崇尚這種妝扮，且有愈燃愈熾之勢。

表 4-2：各時期梳篦的演變

年代	梳	說　明	篦	說　明
新石器時代		骨製 高 8.8cm 江蘇邳縣劉林出土		
商		玉製 高 10.4cm 河南安陽殷墟出土		
西周		銅製 高 10cm 陝西寶雞出土		
春秋		玉製 高 7.7cm 河南淅川出土		竹製 殘長 5cm 山西長治分水嶺出土
戰國		木製 8×6.5cm 湖北江陵拍馬山出土		木製 8.5×7cm 四川青川出土

─────────────────────

〔註 76〕 《舊唐書》卷十七，北京：中華書局，1975 年，頁 528。

秦 — 西漢		木製 （不詳） 山東臨沂銀雀山出土		木製 高 8.9cm 湖北江陵紀南城出土
東漢 — 魏晉		骨製 高 7.5cm 天津武清出土		木製 （不詳） 江蘇揚州出土
隋 — 唐		金製 高 12.5cm 江蘇揚州三元路出土		角製 14×8.5cm 江蘇丹徒出土
五代		木製 6.5×4cm 江蘇新海連市海州出土		木製 殘 3.3×1.5cm 江蘇新海連市海州出土
宋		木製 長 11.2cm 山西太原小井峪出土		竹製 （不詳） 江蘇金坊茅麓出土
遼 — 金		象牙製 9×3.9cm 遼寧朝陽前商戶出土		骨製 6×3cm 北京通縣出土
元		金、木製 8×4.5cm 山東嘉祥出土		銀製 長 8.1cm 江蘇蘇州出土
明		木製 長 16cm 上海松江出土		
清				

資料來源：引述周汛、高春明著，《中國歷代婦女妝飾》，頁 80～81。

梳篦從出現至今，已有五千餘年的歷史。在這漫長的歷史過程中，梳篦的形制有很大變化（如表 4-2 彙整），這些變化體現了社會生產力的進步，同時，也顯示出各時期風俗習慣的轉變。

五、簪花

簪花即在鬢髮或冠帽上插戴花朵，這是古代的一種妝飾風俗。秦漢時期已有其俗，四川省境內的東漢墓中，曾多次發現簪花婦女的形象，如重慶化龍橋漢墓出土的女俑（見圖 4-2-29），髮髻正中插一朵碩大的菊花，菊花的兩旁還依附著數朵小花；成都永豐、天回山和忠縣涂井（見圖 4-2-30）等地漢墓出土的女俑，也有類似的妝扮，所插花朵造型逼真，風格寫實，估計是一種鮮花。

圖 號	4-2-29	4-2-30
說 明	簪花的漢代婦女	簪花的漢代婦女
圖 形		
出土地或現藏地	1957 年重慶化龍橋　漢墓出土	1981 年四川忠縣涂井出土
出 處	《服飾中華——七千藝術巨作（夏商周～隋唐五代之卷）》頁 114	《中國服飾造型鑒賞圖典》頁 72

漢代以降，簪花之風經久不衰，歷代詩文中都有述及，如南朝梁湯僧濟〈咏渫井得金釵〉詩：「昔日倡家女，摘花露井邊。摘花還自插，照井還自憐。」〔註 77〕唐謝偃〈踏歌詞〉：「風帶舒還卷，簪花舉復低。」〔註 78〕五代花蕊夫人〈宮詞〉：「夜深飲散月初斜，無限宮嬪亂插花。」〔註 79〕等。

〔註 77〕　《先秦漢魏晉南北朝詩》梁詩卷二十八，北京：中華書局，1983 年，頁 2119。
〔註 78〕　《全唐詩》卷二十八，北京：中華書局，1960 年，頁 410。
〔註 79〕　《全唐詩》卷七九八，北京：中華書局，1960 年，頁 8971。

說起簪花，自然會聯想起中唐畫家周昉的名作〈簪花仕女圖〉（見圖4-2-31）。畫家周昉，長安人，出身於中唐的官宦之家，擅長描摹身著綺羅的貴族婦女。這幅〈簪花仕女圖〉主要是描述的情景是唐代貴婦休閒遊園賞花。畫中巧妙的體現了貴婦們雍容華貴的儀態，從畫中 6 位貴婦其垂弧的肩頸和纖細的手腕可看出當時貴族婦女們的柔弱風姿。畫中仕女光彩照人，神態悠閒富有生活情趣。畫面左端開始婷婷而立的是一個貴族婦女，髮髻高大插牡丹花。第二位婦女身材嬌小，髮髻上插海棠花。第三位貴族女人髻插荷花，她右手略向上舉，反掌拈紅花一枝，左手髻上取下金釵朝著右邊移去，目光注視新折下來的花枝，凝神遐思，準備將它插上髮髻最顯眼的地方（見圖4-2-32）。第五位仕女，髮髻上插的紅瓣花枝。最後一位是髮髻插芍藥花的貴族仕女。六個女子頭上的花朵，雖不盡相同，但看得出都是鮮花。為了突出「簪花」這一主題，作者在〈簪花仕女圖〉卷尾的背景處，還畫了一棵灼然怒放的玉蘭花（見圖4-2-33）。有學者懷疑這些花朵是後人添繪的，並認為在當時婦女中並不存在簪戴花朵的風俗。

其實〈簪花仕女圖〉中繪婦女簪花的情景，正是當時現實生活的真實寫照。據王仁裕《開元天寶遺事》記載：「開元末，明皇每至春時旦，宴於宮中，使嬪妃輩爭插豔花。」〔註 80〕同書又稱：「長安士女，春時鬥也，戴插以奇花多者為勝，皆用千金市名花，植於庭苑中，以備春時之也。」〔註 81〕與周昉同一時代的詩人李白，在他的詩中，也提起過簪花風俗，如〈宮中行樂詞〉稱玄宗朝宮女，有「山花插寶髻」〔註 82〕的風尚。其他唐人的詩文中，也有類似的描述。如杜甫〈負薪行〉：「野花山葉銀釵並」〔註 83〕；劉言史〈瀟湘游〉詩：「野花滿髻妝色新」〔註 84〕等等。這裡所說的「野花」、「山花」，都指自然之花。可見在唐代婦女中，確實存在著插戴鮮花的習俗。〔註 85〕

〔註 80〕 《開元天寶遺事十種》，上海：上海古籍出版社，1985 年，頁 68。
〔註 81〕 《開元天寶遺事十種》，上海：上海古籍出版社，1985 年，頁 97。
〔註 82〕 《全唐詩》卷一六四，北京：中華書局，1960 年，頁 1702。
〔註 83〕 《全唐詩》卷二二一，北京：中華書局，1960 年，頁 2335。
〔註 84〕 《全唐詩》卷四六八，北京：中華書局，1960 年，頁 5323。
〔註 85〕 高春明，《中國服飾名物考》，上海：上海文化出版社，2001 年，頁 138～141。

圖4-2-31：唐 周昉〈簪花仕女圖〉

圖4-2-32：簪花的唐代貴婦　　　　　　圖4-2-33：卷尾的玉蘭花

出處：《中國美術全集──繪畫篇（2）》頁59

　　簪花的婦女形象，在考古發掘的文物中有不少反映。敦煌莫高窟壁畫中，也繪有戴簪花的婦女形象，如130窟唐代壁畫所繪樂庭瓌妻王氏供養像〔註86〕，畫一位手執鮮花的貴婦，頭上即簪有數朵小花，花形與手上的鮮花

〔註86〕都督夫人太原王氏禮佛圖 莫高窟第130窟 南壁 盛唐 此為供養人畫像，榜題為「都督夫人太原王氏」，她是天寶十二載（753年）前後出任晉昌郡都督的樂庭瓌的夫人。畫面右方依次為都督夫人，她的兩個女兒以及九名婢女，人物身量遞減，顯示出等級森嚴的氣氛。 都督夫人身著纖花石榴紅裙，肩披薄帛，峨髻高聳，髮上簪花，並有釵梳插飾髮間，身後二個女兒（十一娘及十三娘），分別穿著綠裙和黃裙，前女梳高髻，後女戴鳳冠，朱白衫上分別披有多層絲絹帔帛，身後九名侍婢，均著男裝，各依年齡，結出不同髮式，或

相同，當爲一種鮮花（見圖 4-2-34）。另在五代的簪花婦女形象，可以從周文矩所畫的〈玉步搖仕女圖〉中看到，圖中女子袖手而立，鬢上就插戴著一朵碩大的紅花（見圖 4-2-34-1）。

圖　　號	4-2-34	4-2-34-1	4-2-35
說　　明	簪花的晚唐五代婦女	戴著一朵碩大的紅花婦女	唐俑頂部的插花孔
圖形			
出土地或現藏地	敦煌莫高窟 130 窟供養人壁畫，高春明摹	周文矩〈玉步搖仕女圖〉	湖北武昌第 283 號唐墓出土
出　　處	《中國歷代婦女妝飾》頁 86	《中國歷代婦女妝飾》頁 83	《中國歷代婦女妝飾》頁 88

歷代婦女所簪戴的花朵，以色彩鮮豔者爲尚，尤以紅花最受歡迎。白花爲禁忌之花，簪戴者較少。綜合文獻記載，婦女所簪之花主要有下列品種：

1. 茱萸：見梁簡文帝〈茱萸女〉詩：「茱萸生狹斜，結子復銜花。遇逢纖手摘，濫得映鉛華。雜與鬟簪插，偶逐鬢鈿斜。」〔註 87〕宋程大昌〈和劉侍郎九日登女郎臺〉詩：「菊有清香樽有酒，茱萸不插也風流。」〔註 88〕

捧花，或執壺，或持扇，或擎布施的奩笈，侍立於夫人小姐身後。夫人及其女兒的服裝色彩繽紛，佈滿團花紋樣，顯得富麗堂皇，花團錦簇。畫中各婦女均畫短眉及以朱紅點染嘴唇。都督夫人女兒眼瞼或臉上有紅點或花形裝飾。用胭脂或丹青在臉頰、額頭或太陽穴兩邊畫圓點或其他圖形，稱爲「花靨」；貼在眼瞼或額頭上用金、銀、玉翠等製作成五顏六色的裝飾物，稱爲「花鈿」。

〔註 87〕　《宋詩紀事》卷五十，北京：中華書局，1983 年，頁 1267。
〔註 88〕　《先秦漢魏晉南北朝詩》梁詩卷二十，北京：中華書局，1983 年，頁 1909。

2. 薔薇：見梁劉緩〈看美人摘薔薇詩〉：「釵邊爛熳插，無處不相宜。」〔註89〕

3. 梅花：見梁鮑泉〈咏梅花詩〉：「可憐階下梅，飄蕩逐風回。度簾拂羅幌，縈窗落梳台。乍隨纖手去，還因插鬢來。」〔註90〕宋王庭珪〈浣溪沙〉詞：「薄薄春衫簇綺霞，畫檐晨起見棲鴉，宿妝仍拾落梅花。」〔註91〕

4. 石榴花：見梁簡文帝〈和人渡水〉詩：「婉婉新上頭，湔裾出樂游。帶前結香草，鬢邊插石榴。」〔註92〕

5. 杏花：見唐朱揆《釵小志》：「阮元姬插鬢用杏花。」〔註93〕

6. 棠梨：見唐元稹〈村花晚〉：「三春已暮桃李傷，棠梨花白蔓菁黃。村中女兒爭摘將，插刺頭鬢相誇張。」〔註94〕

7. 玫瑰：見五代李建勳〈春詞〉：「折得玫瑰花一朵，憑君簪向鳳凰釵。」〔註95〕

8. 茉莉：見晉稽含《南方草本狀》卷上：「茉莉花皆胡人自西國移植於南海，…彼之女子以彩絲穿花心以為首飾。」〔註96〕明史玄《舊京遺事》：「茉莉花，雅客以點茶，婦人以耀首。」〔註97〕

此外，還有在髮髻上插戴花樹之葉者，如南朝陳江總〈秋月新寵美人應令詩〉：「秋樹相思一枝綠，為插賤妾兩鬢中。」〔註98〕

古代婦女除了簪戴鮮花之外，也有簪戴假花。據周密《武林舊事》記載，由於婦女插戴鮮花的風氣盛行，致使市面上的花價倍漲。婦人花「數十券」買來的鮮花，插戴不到半天就告凋謝落英。與此相比，假花有經久而耐用、常開不敗的優點，且不受節令的限制，故深愛婦女的喜愛。如〈簪花仕女圖〉中簪飾四季不同的蓮花、牡丹等大朵花，應該是絹製花朵。新疆唐代古墓中就出土有一束絹花，用絹裁剪、染色，製作成各色花朵，可見當時的絹花製作工藝已經很純熟了。

〔註89〕　《先秦漢魏晉南北朝詩》梁詩卷十七，北京：中華書局，1983年，頁1848。
〔註90〕　《先秦漢魏晉南北朝詩》梁詩卷二十四，北京：中華書局，1983年，頁2027。
〔註91〕　《全宋詞》，北京：中華書局，1965年，頁821。
〔註92〕　《先秦漢魏晉南北朝詩》梁詩卷二十，北京：中華書局，1983年，頁1970。
〔註93〕　《說郛》卷七十七，清順治三年宛委山堂刊行本。
〔註94〕　《全唐詩》卷四二一，北京：中華書局，1960年，頁4678。
〔註95〕　《全唐詩》卷七三九，北京：中華書局，1960年，頁8435。
〔註96〕　《南方草木狀》卷上，民江沈氏怡圖刊行本。
〔註97〕　《舊京遺事》，北京：北京古籍出版社，1986年，頁23。
〔註98〕　《先秦漢魏晉南北朝詩》陳詩卷八，北京：中華書局，1983年，頁2595。

　　製作假花的材料，史籍中不乏記載，概括起來，主要有通草、絹帛、絲絨、色紙和珠寶等。分述如下：

　　1. 通草又名「通脫木」，它是一種常綠喬木，莖部為空心，內有白色紙狀物質，一般即取此物製作假花。所做的假花質地輕盈，富有彈性，表面還帶有一層細茸，很受人們的歡迎。唐段成式《酉陽雜俎・草篇》：「通脫木，……心空，中有瓤，輕白可愛，女工取以飾物。」〔註99〕早在魏晉時，通草已被用做假花。唐溫庭筠〈青妝錄〉：「晉惠帝令宮人梳芙蓉髻，插通草五色花。」〔註100〕一說通草假花始做於秦始皇時。《中華古今注》：「冠子者，秦始皇之製也。令三妃九嬪，當暑戴芙蓉冠子，以碧羅為之，插五色通草蘇朵子。」〔註101〕以後歷代皆有，甚至有以此為業者。

　　2. 絹帛類織物也是製作假花的常用材料。細分之，又有綾花、絹花、羅花、緞花、綢花等品種。不同的材料，可加工製作出不同質感的假花。在有些朝代，不同織物製成的假花，還代表著不同的身分等級。

　　3. 絨花是以絲絨做成的假花，色彩濃重、表面起茸，富有質感。清代，還被用作新娘頭飾，借「絨花」寓「榮華」，隱念婚姻幸福，富貴榮華之吉祥寓意。

　　4. 珠花是以珍珠串綴而成髻花。在各類假花中，珠花最不逼真，但由於材料貴重而備受珍視，多用作貴婦首飾。如南朝梁江洪〈咏歌姬詩〉：「寶鑷間珠花，分明靚妝點。」〔註102〕

　　另有將鮮花或像生花裝綴成冠狀者，使用時直接套在頭上，無需簪戴，俗稱「花冠」。其制出現在唐代以後，多用於宮娥舞姬，尤以喜慶場合為多見。唐張鷟《朝野僉載》：「宮女千數，衣羅綺，曳錦繡，耀珠翠，施香粉。一花冠，一巾帔，皆萬錢。」〔註103〕包佶〈元日觀百僚朝會〉詩：「萬國賀唐堯，清晨會百僚。花冠蕭相府，繡服霍嫖姚。」〔註104〕白居易〈長恨歌〉：「雲鬢半垂新睡覺，花冠不整下堂來。」〔註105〕等都是有關古代婦女頭戴花冠的真

〔註99〕　《酉陽雜俎》卷十九，北京：中華書局，1981年，頁189。
〔註100〕　《說郛》卷七十七，清順治三年宛委山堂刊行本。
〔註101〕　《中華古今注》卷三，商務印書館叢書集成本，1939年，頁18。
〔註102〕　《先秦漢魏晉南北朝詩》，北京：中華書局，1983年，頁2072。
〔註103〕　《朝野僉載》卷三，商務印書館叢書集成初編本，1936年，頁37。
〔註104〕　《全唐詩》卷二〇五，北京：中華書局，1960年，頁2143。
〔註105〕　《全唐詩》卷四三五，北京：中華書局，1960年，頁4817。

實紀錄。戴花冠的婦女形象，在〈宮樂圖〉（見圖 4-2-36）、〈揮扇仕女圖〉（見圖 4-2-37）中都有描繪。花冠之上，可以用一種花卉，也可以用幾種花卉；可以用真花，也可以用假花；甚至有將四季花卉編在一項花冠上的，稱「一年景」。戴「一年景」花冠的婦女形象，在〈歷代帝后像〉中還有描繪，堪與文獻記載映證（見圖 4-2-38）。

圖　號	4-2-36	4-2-37	4-2-38
說　明	戴花冠唐婦女	戴花冠唐婦女	戴花冠宋婦女
圖　形			
出土地或現藏地	〈宮樂圖〉局部	〈揮扇仕女圖〉局部	〈歷代帝后像〉局部
出　處	《中國美術全集──繪畫篇（3）》頁 18	《中國美術全集──繪畫篇（2）》頁 54	《中國歷代婦女妝飾》頁 88

六、花鈿

鈿是古代婦女常用的一種首飾，通常以金銀、珠翠或寶石製成，使用時安插在鬢髮之上；因多製作成花狀，又稱「花鈿」。其制出現在漢代以後。南朝梁庾肩吾〈冬曉詩〉：「縈鬟起照鏡，誰忍插花鈿。」〔註106〕劉遵〈繁華應令詩〉：「履度開裙襵，鬟轉匝花鈿。」〔註107〕白居易〈醉後題李馬二妓〉詩：「行搖雲髻花鈿節，應似霓裳趁管弦。」〔註108〕等，都是有關婦女安插花鈿的記錄，可見以花鈿飾首，是歷代婦女的共同愛好。

金鈿也是一種假花。所謂金鈿，就是以金屬製成花狀的飾物。鈿子是製作成金質小花，留有細孔，以供簪戴，也有預先製作有短柄的，造型和晉代

〔註106〕《先秦漢魏晉南北朝詩》梁詩卷二十三，北京：中華書局，1983 年，頁 1995。
〔註107〕《先秦漢魏晉南北朝詩》梁詩卷十五，北京：中華書局，1983 年，頁 1809。
〔註108〕《全唐詩》卷四三八，北京：中華書局，1960 年，頁 4876。

花鈿相比更爲複雜。如廣東省電白區電城鎮山兜村冼夫人墓出土的一件鈿子在小圓心外圍繞四重花瓣，還嵌有玉珠。張萱〈搗練圖〉上的唐代女子五瓣形花鈿與之相近，是額前整齊地插上五枚（見圖 4-2-39）。廣州皇帝崗唐墓出土的一件金鈿（見圖 4-2-40），屬於折枝花形鈿這種類型。整件金鈿由四枝花朵組成，外加花葉，長 11.8 公分，寬 5.2 公分。鈿身薄如紙片，上有凹凸的花紋，花葉之間的空隙部位全被鏤空，既便於穿繫固結，又增強裝飾效果。另周昉所繪〈麟趾圖〉中的貴婦，也是插這種花鈿（見圖 4-2-41）。

圖　號	4-2-39	4-2-40	4-2-41
說　明	唐女子五瓣形花鈿	折枝花形金鈿	折枝花形金鈿
圖形			
出土地或現藏地	張萱〈搗練圖〉局部	廣東廣州皇帝崗唐墓出土	周昉〈麟趾圖〉局部
出　處	《中國美術全集——繪畫篇（2）》頁 46	《中國歷代婦女妝飾》頁 84	《中國美術全集——繪畫篇（2）》頁

　　金鈿和寶釵是分不開的，所以古詩詞裡常並詠。南宋詞人向子諲的〈水龍吟〉寫到：「笑入彩雲深處，更冥冥、一簾花雨。金鈿半落，寶釵斜墜，乘鸞歸去。」描寫元宵夜的女郎遊玩之時，用釵子插著金鈿，都已經斜墜、半落了，可見她們玩得是多麼痛快。

　　唐代金鈿的製作，在前代基礎上有所發展，無論外形的設計，還是工藝的加工，都極盡精巧華美的能事。如現存日本大和文華館的一件實物，就是在一朵葵花形狀的花蕊周圍，分製出八片立體的花瓣，花瓣中部凹進一層；至於凸出的部分，則用金絲編成網紋。花瓣的背後還襯托著八片薄形花瓣。整個造型像一朵盛開的山菊，直徑爲 5.2 公分，可謂精巧別緻。

　　唐代的花鈿形式多樣，且製作十分精美。團花型花鈿和唐代織錦上的寶相花造型相仿，花瓣層疊，繁複瑰麗，融合了菊花、牡丹、蓮花的特徵。如

西安韓森寨唐墓出土的寶相花型花鈿，直徑 7 公分，枝葉由細小的紅藍寶石，花心還站立一隻金製的鳳凰。這也就是古詩裡寫的鈿雀。五代時後蜀文學家歐陽炯的〈西江月〉詞寫一位麗人：「鈿雀穩簪雲髻綠，含羞時想佳期。臉邊紅豔對花枝，獨佔鳳樓春色。」在雲一樣的烏髮中簪著這一朵雀鳥形的金鈿，襯托著她的紅豔妝容，真是美不勝收。

花鈿或用金銀製作，或嵌以寶石，也有直接用寶石雕成的，稱為寶鈿。或用翡翠鳥羽製成，稱翠鈿。唐代吐魯番〈奕棋仕女圖〉所畫女子的高髻上就嵌著一枚翠鈿，在金箔上飾鳥羽，做花瓣之狀。還有琉璃質地的花鈿，江蘇海州的五代王氏墓就出土牡丹花狀的兩片花鈿，出土時位於墓主的枕旁。唐人詩文中也有不少描述，如李珣〈西溪子〉詞：「金縷翠鈿浮動，妝罷小窗圓夢」〔註109〕；薛昭蘊〈女冠子〉詞：「求仙去也，翠鈿金篦盡捨」〔註110〕等等。這種翠鈿是在金鈿的基礎上演變而成的。製作方法比金鈿多一道工序，即在金鈿上貼一層鳥羽；由於多選用翠綠的鳥羽，所以稱作翠鈿。新疆吐魯番阿斯塔那唐墓出土的〈奕棋仕女圖〉中，有幾個貴婦的頭上，就簪有這種翠鈿（見圖 4-2-42）。

圖 4-2-42：插翠鈿的唐代貴婦

新疆吐魯番唐墓出土〈弈棋仕女圖〉局部
出處：《中國美術全集——繪畫篇（2）》頁 20

〔註109〕《花間集》卷十，人民文學出版社，1958 年，頁 201。
〔註110〕同上註。

除團花外，唐代婦女的金鈿，也有被製成為折枝花的，廣州皇帝崗唐墓出土的一件金花，就屬於這種類型。整件器物由四枝花朵組成，外加花葉，長 11.8 公分，寬 5.2 公分；金鈿本身很薄，上用模壓印出凹凸的花紋，花葉的空隙處全被鏤空，是一件完美的藝術精品。另外，還有將一朵朵小花單獨製成金鈿，插時左右安插數朵。敦煌莫高窟 130 窟壁畫中的一位少女，就插有四朵這樣的金鈿（見圖 4-2-43）。

圖 4-2-43：插多枚花鈿的
唐代婦女

敦煌莫高窟 130 窟唐代
壁畫
出處：《中國美術全集‧
雕塑篇（4）》序頁 23

如果在金鈿上鑲以寶石，或直接用寶石製成花朵，便稱為「寶鈿」。唐戎昱詩：「寶鈿香蛾翡翠裙」；張東之詩：「豔粉芳脂映寶鈿」等，說的都是這種飾物。這種寶鈿實物，在古墓葬中常有發現。譬如從江蘇州東門外的一座五代墓中，就見有玻璃質牡丹花兩片，出土時位於死者枕旁。同時出土的還有金釵、銀鐲、梳篦及妝粉等物，均為女性的梳妝用品。

1988 年發掘唐舒國公夫人賀若氏墓時，而此件金頭飾出土時仍戴在墓主人頭上，但其絲綢編織物已全部腐朽。金頭飾由金萼托、金花鈿、金墜、金花等各種飾件和寶石、珍珠、玉飾等三百多件連綴而成。造型精美，豪華富麗，見圖 4-2-44 所示。

圖 4-2-44：金頭飾

陝西省西安咸陽國際機場賀若氏墓出土
出處：《中國服飾造型鑒賞圖典》頁 128

七、髮髢

古代婦女以長髮爲美，尤其在盛行高髻的時代，頭髮的長短、疏密成了衡量婦女美貌的標準之一。《東觀記》稱：「明帝馬皇后美髮，爲四起大髻。但以髮成，尚有餘，繞髻三匝。」〔註111〕這是東漢時期的情況。以後幾代都有一些因髮長而垂名於世的「美女」。如晉陸翽《鄴中記》稱：「廣陵公陸遠妹才色甚美，髮長七尺，石虎以爲夫人。」〔註112〕王讜《唐語林》也稱，隋楊素家紅拂妓張氏「以髮長垂地，立梳床前」〔註113〕。長髮婦女梳挽高髻，自然占有優越條件，而那些髮短、髮稀或髮禿的婦女，爲使自己的髮髻也能達到時尚的標準，只好借助於妝飾手段。最常見的方法是在本身的髮中滲入假髮，這種假髮就叫髮髢。

「髢」或作「被」，本來也是人的眞髮，因被剪下用於他人頭上，故被視爲假髮。《詩・召南・采蘩》：「被之僮僮，夙夜在公。」漢鄭玄箋：「古者或剔賤者、刑人之髮以被婦人之紒（髻），因以名焉。」〔註114〕劉熙《釋名・釋首飾》：「髢，被也。髮少者得以被助其髮也。」〔註115〕這裡的「髢」不論是取自於賤者，還是來源於刑人；不論是自己主動截下，還是被人強迫髠之，都是人髮。除取人髮增益髮髢外，古代也有取動物毛髮充當假髮者。唐段成式《酉陽雜俎》：「狒狒…狀如獼猴，作人言，如鳥聲，能知生死。血可染緋，髮可爲髢。」〔註116〕就是以動物毛髮充當髢的例子。

以假髮製成的髮髢，古時有多種名稱。常見的有「鬆髻」、「蔽髻」等，也有叫「副貳」的，簡稱爲「副」。劉熙《釋名・釋首飾》：「王后首飾曰副。副，覆也，以覆首，亦言副貳也，兼用眾物，成其飾也。」1972 年，考古工作者在湖南長沙馬王堆 1 號漢墓中，發掘出一批記載著隨葬物品的竹簡。其中有一條簡文寫到：「員付蔞二盛印副。」對照該墓出土實物，知所謂「員付蔞」，指的是一種圓形的小盒，而在這種小盒內，確實盛放著一束假髮「副」。不過這種假髮不是人髮，而是以黑色絲絨製成的代用品（見圖4-2-45）。

〔註111〕 據《後漢書》卷十李賢注引，北京：中華書局，1965 年，頁 408。
〔註112〕 《鄴中記》，商務印書館叢書集成本，1937 年，頁 7。
〔註113〕 《唐語林》卷五，上海：上海古籍出版社，1978 年，頁 153。
〔註114〕 《毛詩正義》卷一，北京：中華書局十三經注疏本，1980 年，頁 284。
〔註115〕 《釋名・釋首飾》，商務印書館叢書集成本，1939 年，頁 74。
〔註116〕 《酉陽雜俎》前集卷十六，北京：中華書局，1981 年，頁 161。

圖 4-2-45：以黑色絲線製成的假髮

湖南長沙馬王堆一號漢墓出土
出處：《中國歷代婦女妝飾》頁 49

在盛行高髻的時代，假髻的使用非常普遍。為使髮髻高聳，髻中往往襯有飾物。古時的髮髻名目繁多，襯髻的飾物也有很多。考古發掘中常見一些造型別緻的飾品，就是用以支持撐髮髻的飾物。

「環釵」是婦女襯墊髮髻的飾物。如《東宮舊事》記「太子納妃，有金鑲釵。」〔註 117〕唐元稹〈離思〉詩中也有「自愛殘妝曉鏡中，環釵謾篸綠絲叢。」〔註 118〕之句。這種環釵在唐代墓葬中見有實物。如廣州皇帝崗唐墓出土一件，以銀製成，表面鎏金。環釵中部為一葉形薄片，葉的兩端伸出一長條，尾端又分支成兩股，全器被彎曲成橢圓形。據發掘簡報報稱：「尾端相互扣結緊實，圓框徑長約 21 公分，寬 1.5 公分。出土時與頭骨和釵飾相鄰，可能是綁結在頭部的物件。」〔註 119〕類似的飾物還見於陝西西安唐墓，過去一般認為是一種「顎托」，然從發掘現場的安放位置來看，肯定是用以襯托髮髻的飾物（見圖 4-2-46）。

〔註 117〕　《北堂書鈔》卷二三六，清光緒十四年南海孔氏三十有三萬卷堂刻本，頁 7。
〔註 118〕　《全唐詩》卷四二二，北京：中華書局，1960 年，頁 4643。
〔註 119〕　廣州市文管會，〈廣州皇帝崗唐木槨墓清理簡報〉，《考古》1959 年第 12 期，頁 668。

圖 4-2-46：鎏金銀鐶釵出土位置實測圖

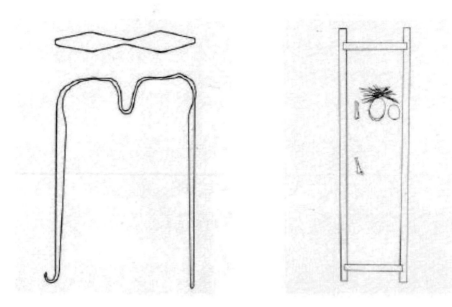

據〈廣州皇帝崗唐木槨墓清理簡報〉附圖繪製〔註120〕
出處：《中國歷代婦女妝飾》頁 49

八、鑷

　　鑷子本來是婦女修容的一種工具，有時也可以用來插髮，俗稱「寶鑷」。梁江洪〈詠歌姬詩〉：「寶鑷間珠花，分明靚妝點。」龍輔〈女紅餘志〉：「袁術姬馮方女，有千金寶鑷，插之增媚。」均指此。這種首飾在考古發掘中常可看到，如陝西西安郭家灘唐墓出土的實物（見圖 4-2-47）也很有特色，整件器物以銅為之，在器物的頂端飾有螺絲鈕形圓球六個，上下相連組成一串，通長 14.5 公分；出土時尚在女性頭骨附近，同時出土的還有金釵等飾物。又如安徽合肥西郊五代墓出土的銅鑷，以扁銅彎製而成，當為插髮所用，見圖 4-2-48。

〔註120〕圖片來源：高春明、周汛著，《中國歷代婦女妝飾》，頁 49。

圖　號	4-2-47	4-2-48
說　明	銅鑷	銅鑷
圖　形		
出土地或現藏地	陝西西安郭家灘唐墓出土	安徽合肥西郊五代墓出土
出　處	《中國歷代婦女妝飾》頁 85	《中國歷代婦女妝飾》頁 89

第三節　冠飾綽態

一、鳳冠

　　在婦女的冠飾中，最貴重者當推鳳冠。所謂鳳冠，就是在冠上綴以鳳凰。以鳳凰飾首的風氣，早在漢代已經形成，漢以後沿襲不衰。晉王喜《拾遺記》中即記有石季龍「使翔鳳調玉以付工人，爲倒龍之佩，縈金爲鳳冠之釵」〔註121〕的史實。這是現存史料中關於「鳳冠」的最早記載。這種鳳冠在傳世繪畫中有所反映，如甘肅安西榆林窟的壁畫，便繪有五代回鶻公主曹夫人像（見圖 4-3-1），及在莫高窟 98 窟五代于闐國王李聖天皇后曹氏供養像（見圖 4-3-2）等，頭上就戴有雕成鳳形的冠飾。不過這種鳳冠還不屬於直正的禮冠，正式鳳冠確定爲禮冠，並將其收入冠服制度中，是宋以後的事情。

〔註121〕《拾遺記》卷九，百子全書本，掃葉山房，1919 年。

圖 4-3-1：戴鳳形冠飾的五代貴婦　　　　圖 4-3-2：戴鳳冠寶髻的婦女

甘肅安西榆林窟第 16 窟五代供養人壁畫　　莫高窟 98 窟五代于闐國王李聖天
出處：《中國歷代婦女妝飾》頁 97　　　　皇后曹氏供養像
　　　　　　　　　　　　　　　　　　　出處：《服飾中華——七千藝術巨作
　　　　　　　　　　　　　　　　　　　（夏商周～隋唐五代之卷）》頁 229

　　古代婦女和男子一樣也戴冠帽。冠的作用和帽子不同，古人戴帽，主要是爲了禦寒，而戴冠則爲了裝飾。宋以前，貴族婦女行禮，一般都免冠梳髻，最多也衹戴一頂假髻。如《後漢書・輿服志》記：「皇后謁廟服，……假髻、步搖、簪珥。」《新唐書・車服志》記命婦受冊、從蠶、朝會時的首飾：「一品翟九等，花釵九樹；二品翟八等，花釵八樹」等，均未言及冠飾，衹有在日常家居時，才偶爾使用冠飾。

　　在鳳釵的基礎上發展而來的鳳冠，唐代已經可考證其形象。如唐代懿德太子李重潤墓出土石槨所刻盛裝宮女（見圖 4-3-3），頭戴高冠，冠正中嵌一朵珠花，兩邊各插一支鳳釵，鳳凰口中各銜一件玉佩、珍珠串成的挑牌，有如步搖之意，與「紫金爲鳳冠之釵」，另在長安縣韋洞墓壁畫西壁的侍女頭上也繪有類似鳳形銜珠釵（見圖 4-3-4），及敦煌莫高窟 61 窟五代歸義軍節度使夫人等人所戴鳳冠（見圖 4-2-6），形制已經和宋代鳳冠有些相似。

圖　號	4-3-3	4-3-4
說　明	女官頭髻上戴鳳冠	侍女頭上簪鳳形銜珠釵
圖　形		
出土地或現藏地	唐 李重潤墓石槨線刻畫	長安縣韋泂墓壁畫西壁
出　處	《中國美術全集・繪畫篇（2)》序頁 11	《中國美術全集・繪畫篇（12)》頁 120

圖　號	4-3-5	4-3-6
說　明	涼國夫人鳳冠	戴鳳冠的供養人
圖　形		
出土地或現藏地	敦煌莫高窟 427 窟甬道壁畫	敦煌莫高窟 61 窟　五代歸義軍節度使夫人等人
出　處	《中國服飾造型鑒賞圖典》頁 125	《中國歷代婦女妝飾》頁 139

又如敦煌莫高窟 427 窟甬道壁畫上的涼國夫人所戴鳳冠，正中一展翅飛翔的鳳立在蓮花座上，兩側有步搖和花釵，下面插有三對角梳，額前一翠玉佩飾。整個鳳冠和花釵似用金銀製作，上面滿飾翠綠玉珠，華麗之至（見圖4-3-5）。

二、帢帽

帽的圖像資料出現得很早，從陝西臨潼鄧家莊新石器時代文化遺址出土的陶俑來看，早在五六千年前，人們的頭部已戴有帽。所戴之帽呈圓形，質地厚實，估計以獸皮製成；帽下露出齊耳的鬢髮。古人戴帽的主要目的是為了御寒，因此，帽子一直以北方居民所戴為多，那是由於北方地區氣候寒冷的緣故。現今所見的古帽實物，也大多出土於北方地區。

用於御寒的帽，俗稱「暖帽」，唐白居易〈即事重題〉詩：「重裘暖帽寬氈履，小閣低窗深地爐。」〔註122〕歷代暖帽形制繁複，常見者有風帽、破後帽、突騎帽、合歡帽、蕃帽、繡帽、珠帽、搭耳帽、渾脫帽、卷簷虛帽諸名目。

（一）風帽

風帽是最常見的一種暖帽，因戴在頭上能禦擋風寒，故以名之。通常用厚實的布帛為之，製成雙層，中間納入絮綿；也有用皮毛製成者。這種暖帽的顯著特點是被製作成布兜狀，帽身後部及兩側有長長的帽裙垂下，戴時兜住雙耳，披及肩背。《舊唐書・輿服志》在講到服飾風俗時稱：「北朝則雜以戎狄之制，爰至北齊，有長帽短靴，合袴袄子，朱紫玄黃，各任所好。」〔註123〕文中所謂「長帽」，即指風帽，可見這種暖帽也來自於域外。

風帽原先也是胡帽，一般以較厚的織物為之，內納棉絮，也有用皮毛製作的，冬季戴之可禦風寒。唐代婦女承襲北朝遺風，也有戴風帽的習俗。風帽的形制主要有兩種：

一種是以較厚實的質料為之，帽簷翻捲，形狀與捲簷虛帽相似。這種帽子較適合於禦寒，故多為婦女出行時戴。從河南洛陽關林唐墓出土的唐三彩俑（見圖 4-3-7）及新疆吐魯番唐墓出土的彩繪陶俑中可以看出，凡戴這種風

〔註122〕《全唐詩》卷四五五，北京：中華書局，1960 年，頁 5162。
〔註123〕《舊唐書》卷四十五，北京：中華書局，1975 年，頁 1950。

帽的女子幾乎都騎在馬上。《舊唐書‧輿服志》在說到盛唐初期京都風俗時稱：
「開元初，從駕宮人騎馬，皆著胡帽，靚粧露面，無復障蔽」〔註124〕。此處
所說的胡帽，也許就是指這種風帽。

圖 4-3-7：戴風帽的唐代婦女

河南洛陽關林唐墓出土的唐三彩俑
出處：《中國歷代婦女妝飾》頁 108

　　另一種風帽則以柔軟的織物製成，不適用於御寒。由於織物薄而輕軟，
戴在什麼樣式的髻上，外形就呈現出什麼樣式。廈門大學人類博物館收藏的
一件女陶俑（見圖 4-3-8），就戴這種風帽，透過風帽可以看出該女子梳的是半
翻髻。女俑髮髻背後垂下的一束頭髮，都能透過風帽顯現出來，可見其質地
之單薄。陝西西安唐乾封二年（667 年）段伯陽妻高氏墓出土的一件陶俑（見
圖 4-3-9），也戴這種風帽。

〔註124〕　《舊唐書》卷四十五，北京：中華書局，1975 年，頁 1957。

圖　號	4-3-8	4-3-9
說　明	戴風帽的唐代婦女	戴風帽的唐代婦女
圖　形		
出土地或現藏地	傳華北區出土陶俑	陝西西安韓森塞段伯陽妻高氏墓
出　處	《中國歷代婦女妝飾》頁 108	《中國歷代婦女妝飾》頁 103

（二）胡帽

　　至唐玄宗開元年間，胡服之風盛行，婦女皆著胡服胡帽，帷帽之制又煙沒不彰。《舊唐書・輿服志》記載：「開元初，從駕宮人騎馬者，皆著胡帽，靚粧露面，無復障蔽。士庶之家，又相仿效，帷帽之制，絕不行用。俄又露髻馳騁，或有著丈夫衣服靴衫，而尊卑內外，斯一貫矣。」〔註 125〕

　　這與胡舞的普及有一定關係。唐代婦女喜愛舞蹈，尤愛跳胡舞。據《唐六典》、《文獻通考》等書記載，唐代的舞蹈有幾十種名目，其中有不少傳自西域各個地區的，稱為胡舞。跳這些舞蹈，需穿各種特定的服飾，才能產生完整的藝術效果。這些服飾既是舞衣，又是西域少數民族的常服，他們在日常生活中也作此裝扮，這對漢族婦女不無影響。胡舞在全國流行以後，成了人們日常生活中的主要娛樂方式，她們由於對胡舞的崇尚，發展到對胡服的模仿，於是出現了「女為胡婦學胡妝」的現象。在陝西西安韋頊墓及乾縣永泰公主墓出土的石刻、陶俑中，有很多穿胡服的婦女形象。又《中華古今注》在說明胡人帽式時，曾提到過「搭耳帽」的名稱。從陝西西安韋頊墓出土的石刻上（見圖 4-3-10）還可以看出，這種護耳在不需要時，可朝上反搭，是一

〔註 125〕同上注。

種頗實用的設計。另在敦煌莫高窟 159 窟壁畫所繪吐蕃婦女的帽子（見圖4-3-11），也是屬於蕃帽的一種。

圖　號	4-3-10	4-3-11
說　明	戴珠帽的唐代婦女	戴蕃帽的吐蕃婦女
圖形		
出土地或現藏地	陝西西安韋頊墓石槨線刻畫	依敦煌莫高窟159窟壁畫繪製
出　處	《中國歷代婦女妝飾》頁102	《中國歷代婦女妝飾》頁102

　　從文獻記載來看，唐代盛行胡帽，與胡舞的普及有密切關係。唐代婦女喜歡跳舞，尤愛跳胡舞。在眾多的胡舞之中，有四種舞蹈最為出色，流傳也比較廣泛，一為「胡旋舞」；二為「胡騰舞」；三為「柘枝舞」；四為「渾脫舞」。

　　胡旋舞出自康國，又名「康國舞」。康國故地在烏茲別克共和國撒馬爾罕地區。據杜佑《通典》記載：「康國…舞，三人，緋袄，錦繡綠綾渾襠袴，赤皮靴，白袴，奴舞急轉如風，俗謂之「胡旋」。」〔註126〕文中只說到服裝，未言及冠帽；唐元積作〈胡旋女〉詩，自稱「胡旋之義世莫知，胡旋之容我能傳」，但對於舞者的服飾，也說得非常籠統，要了解「胡旋女」所戴的冠帽，已相當困難。只能求助於考古資料，在寧夏鹽池蘇步鄉唐墓出土的石墓門上，刻有兩位舞蹈者形象（見圖 4-3-12），每人的腳下踩著一塊圓毯，一腳踏地，一腳騰空，作旋轉舞蹈姿勢，可以肯定為「胡旋舞」的圖像。二舞者服裝略有差異，一人著翻領窄袖衫，衫長至膝；一人著圓領窄袖襦，下配長裙。為

〔註126〕《通典》卷一四六，商務印書館萬有文庫本，1935年，頁762。

了解「胡旋舞」的服飾提供重要的依據。另在敦煌莫高窟第 220 窟中,也繪有初唐時期阿彌陀經變局部舞樂圖的胡旋舞舞者形像(見圖 4-3-13)。

圖 4-3-12:跳胡旋舞的舞者　　　圖 4-3-13:阿彌陀經變局部舞樂圖之胡旋舞

寧夏鹽池蘇步鄉唐墓出土　　　　敦煌莫高窟第 220 窟

　　胡騰舞來自西域石國,舞蹈者最初也由石國前來。舞人所戴冠帽,唐詩中亦有介紹。如劉言史〈王中丞宅夜觀舞胡騰〉詩:「織成蕃帽虛頂尖,細氈胡衫雙袖小」〔註127〕;李端〈胡騰舞〉詩:「揚眉動目踏花氈,紅汗交流珠帽偏」〔註128〕等。「織成」是一種類似刻絲的名貴織物,一般以彩絲或金縷織出圖案,也有用羊毛等織造的。這種帽子,不僅紋樣精美,色彩豔麗,而且特別厚實,所以受北方人民的喜愛。詩中所說的「蕃帽」,實指西蕃和吐蕃地區的帽式。敦煌莫高窟 159 窟壁畫所繪吐蕃婦女的帽子(見圖4-3-11),當屬這種類型。隨著胡騰舞的普及,漢族婦女也戴這種蕃帽。新疆吐魯番阿斯塔那唐墓出土的一幅絹畫上就有一位女樂伎(見圖 4-3-15),頭就戴這種帽子。帽子的兩側朝上尖聳,通帽繪有紋飾,與劉言史的描述相合。又《中華古今注》在說到胡人帽式時,曾提起過「搭耳帽〔註129〕」的名稱,

〔註127〕《全唐詩》卷四六八,北京:中華書局,1960 年,頁 5323。
〔註128〕《全唐詩》卷二八四,北京:中華書局,1960 年,頁 3238。
〔註129〕帽名。五代後唐馬縞《中華古今注·搭耳帽》:「本胡服,以韋爲之,以羔毛絡縫。趙武靈王更以綾絹皂色爲之,始並立其名爪牙帽子,蓋軍戎之服也。」

下沿做成可以翻下的兩只護耳，適宜於多天戴用。從陝西省咸陽邊方村出土的陶俑（見圖4-3-14）上還有可以看出，這種護耳在不需要時，可朝上反搭，是一種頗實用的設計。

圖　號	4-3-14	4-3-15	4-3-16
說　明	戴搭耳帽女俑	戴搭耳蕃帽的唐代婦女	珠帽
圖形			
出土地或現藏地	陝西省咸陽邊方村（現藏陝西省博物館）	新疆吐魯番阿斯塔那唐張禮臣墓	依西安唐墓出土石槨線刻人物畫繪製，周汛繪
出　處	《中國美術全集雕塑篇（4）》頁169	《中國歷代婦女妝飾》頁105	《中國歷代婦女妝飾》頁105

　　柘枝舞雖然也來自石國，但舞蹈者的衣帽與胡騰舞不盡相同。王建〈宮詞〉中有這樣的描述：「玉簫改調移纖指，催赴紅羅繡舞筵。未著柘枝花帽子，兩行宮監在廉前。」〔註130〕「花帽」亦作「繡帽」，帽上除繡有紋樣外，還綴有珠飾（見圖4-3-16）。白居易〈柘枝詞〉中就有「繡帽珠稠綴，秀衫袖窄裁」〔註131〕的記載。這種帽子的外形特徵，在張祜的〈觀楊瑗柘枝〉一詩中描寫得比較明確：「促疊蠻鼉引柘枝，捲檐虛帽帶交垂。」〔註132〕由此可知這種帽子的沿口，還製有捲起的帽擔。「捲檐虛帽」的形象，在考古發掘中也常有發現。如陝西省西安出土的唐三彩俑，身穿翻領胡服，頭上就戴有這種帽子（見圖4-3-17）。

　　跳渾脫舞時戴的帽稱爲渾脫帽，其前身是氈帽，狀如笠，惟以厚實質料爲之。唐李濟翁《資暇集》謂：「笠帽質地單薄，冬則不禦寒，夏則不障暑氣，

〔註130〕　《唐詩紀事》，北京：中華書局，1965年，頁676。
〔註131〕　《全唐詩》卷四四八，北京：中華書局，1960年，頁5053。
〔註132〕　《全唐詩》卷五一一，北京：中華書局，1960年，頁5827。

乃（以）細色罽代藤，曰「氈帽」，貴其厚也。」〔註133〕至唐高宗，趙國公長
孫無忌對氈帽作了些改易，取烏羊毛為之，稱渾脫帽〔註134〕。《新唐書·五行
志》記：「太尉長孫無忌以烏羊毛為渾脫氈帽，人多效之，謂之「趙公渾脫」。」
〔註135〕渾脫帽的形象，在傳世的畫作和雕塑中可以看到。如敦煌壁畫繪西域
人物，頭上常戴有這種帽子；莫高窟159窟壁畫中的吐蕃女子（見圖4-3-18），
頭戴厚實的氈帽，帽式如笠，四周有皮毛出鋒，形似帽簷，就是一種渾脫帽。
陝西西安韋頊墓出土石槨線刻畫中的女子，貌似漢人，身著胡服，頭上也戴
這種帽，可視作「女為胡婦學胡妝」的典型代表。

圖　號	4-3-17	4-3-18
說　明	戴捲簷虛帽的唐代婦女	戴渾脫帽的吐蕃婦女
圖形		
出土地或現藏地	陝西西安出土唐三彩俑	敦煌莫高窟159窟壁畫
出　處	《中國歷代婦女妝飾》頁106	《中國歷代婦女妝飾》頁106

〔註133〕《資暇集》卷下，南林劉氏求齋刊本。

〔註134〕唐 張鷟《朝野僉載》卷一：「趙公長孫無忌以烏羊毛為渾脫氈帽，天下慕之，
其帽為「趙公渾脫」。」原指北方民族中流行的用整張剝下的動物的皮制成的
革囊或皮袋。指制法和形狀類似這種皮囊的東西，如「人渾脫」等。指用小
動物的整張皮革制成的囊形帽子，或形狀類似的仿制品。

〔註135〕《新唐書》卷三十四，北京：中華書局，1975年，頁878。

三、幞頭

頭巾本是庶民的服飾。劉熙《釋名・釋首飾》謂之：「巾，謹也。二十成人，庶人巾。」即此。唐代婦女也裹頭巾，頭巾的裹法比較奇特，通常裹在頭頂，祇求包住髮髻，額髮、鬢髮則散露於外，如唐畫〈雙陸圖〉（見圖 4-3-19）所繪。另在〈調琴啜茗圖〉中的婦女，亦作此巾式，巾上還繪有花紋，可能是一種織錦（見圖 4-3-20）。當時的蘇吳地區，還出產一種孔眼稀疏的頭巾，這種頭巾以紗羅製成，由於質地輕薄，覆在頭上，連額上的縐紋都能看清，稱做透額羅〔註 136〕，可以遮擋風沙，但主要還是裝飾作用。至於具體的像資料，敦煌 130 窟〈都督夫人禮佛圖〉上的侍女就戴著一塊馬尾等織成的半透明的透額羅（見圖 4-3-21），另在〈虢國夫人游春圖〉也可看到（見圖 4-3-22）。在當時，歌伎演員喜歡用透額羅裹髮，如詩人元稹的〈贈劉采春〉寫一位歌伎能唱動人的歌曲，她的模樣就是「新粧巧樣畫雙蛾，謾裹常州透額羅」〔註 137〕，詠的正是這種頭巾。

圖　號	4-3-19	4-3-20
說　明	戴幞頭的婦人	戴幞頭的婦人
圖形		
出土地或現藏地	〈雙陸圖〉局部	〈調琴啜茗圖〉局部
出　處	《中國頭飾文化》頁 85	《中國歷代婦女妝飾》頁 113

〔註 136〕一種專用於裹髮的輕羅。唐元稹〈贈劉采春〉詩：「新粧巧樣畫雙蛾，謾裹常州透額羅。」

〔註 137〕《全唐詩》卷四二三，北京：中華書局，1960 年，頁 4651。

圖 4-3-21：侍女（黃圈標示）戴一塊馬尾等織成半透明的透額羅

敦煌 130 窟〈都督夫人禮佛圖〉
出處：《中國歷代婦女妝飾》頁 113

圖 4-3-22：前額戴透額羅的婦女　　　　圖 4-3-23：戴幞頭的宮娥

〈虢國夫人游春圖〉局部　　　　　　　　〈虢國夫人游春圖〉局部

出處：《中國美術全集──繪畫篇（2）》頁 41

　　幞頭原來也是一種頭巾。宋趙彥衛《雲麓漫鈔》記謂：「幞頭之制，本曰巾，古亦曰折，以三尺皁絹，向後裹髮。晉宋曰幕後，（北）周武帝遂裁出四腳，名曰幞頭，逐日就頭裹之，又名折上巾。」〔註138〕所謂「四腳」，即方巾上的四角，其狀如帶，裹髮時前面二腳包過前額，繞至腦後，在腦後結帶下

〔註138〕《雲麓漫鈔》卷三，古典文學出版社，1957 年，頁 31。

垂；另外二腳由後朝前，自上而下「曲折附頂」，在額前繫結。湖南湘陰隋墓出土的女俑，頭上就裹有這種幞頭。

幞頭雖爲男裝，但在隋唐時期，女子也頗喜用之。《舊唐書‧輿服志》在記述當時婦女的服飾時稱：「或有著丈夫衣服靴衫，而尊卑内外，斯一貫矣。」其中就包括幞頭，因爲當時的男子便服，即以幞頭袍衫爲主。今從陝西富平唐李鳳墓出土的壁畫、禮泉鄭仁泰墓出土的陶俑及盛唐畫家張萱所繪〈虢國夫人游春圖〉（見圖 4-3-23）上，都可以看到裹幞頭的婦女形象。〈虢國夫人游春圖〉中，也有三位女子做男裝的裝束，趙彦衛在記述晚唐妝扮習俗時，還提到宮娥戴幞頭的史實，說明這種風俗在唐代延續了很長時間。

四、面衣

面衣是古代婦女蒙覆臉面的布帛之巾，以帛巾蔽面的習俗，早在周代已經出現。《禮記‧内則》規定：男女之間，不相授器，不共水井，不同寢席，不通衣衾；「女子出門，必擁蔽其面。」〔註 139〕面衣即爲蔽面而設，其製以羅縠爲之，裁爲方形，使用時蒙覆於首，以帶繫之。

縱觀隋唐文物及史籍記載，可以看出這一時期女子服飾主要有冪羅、帷帽和衫襦袄裙。隋唐處於封建社會鼎盛時期，反映在衣冠服飾上，十分豐美華麗，尤其是婦女妝飾之盛，可謂空前，而且髮式頭飾形制表現出思想比較開放。

（一）冪羅

婦女首服初行冪羅，複行帷帽，再行胡帽，經歷了幾個不同階段。隋唐時期流行的冪羅及帷帽，就屬此類。冪羅比較大，除遮住臉面外，還可障蔽身體。冪羅傳入中原之後，主要用於女子，其作用不僅在於遮擋風塵，更側重於蔽面，即《舊唐書‧輿服志》所謂的「不欲途路窺之」。這種產生於西域的實用服飾傳入中原後，立即被納入禮教軌道，成了婦女的障面之具。

冪羅是一種大幅方巾，一般用輕薄透明的紗羅製成。戴時披體而下，障蔽全身。馬縞《中華古今注》稱：「…，其冪羅之象，類今之方巾，全身障蔽繒帛爲之。」〔註 140〕最初是西域地區少數民族的裝束，不僅婦女可用，男子

〔註 139〕　《禮記》，商務印書館，1914 年，頁 100。

〔註 140〕　《中華古今注》卷中有關「冪羅」解釋原文爲「冪羅者，唐武德貞觀年中，宮人騎馬，多著冪羅，而全身障蔽。至永徽年中後，皆用帷帽，施裙到頸，漸爲淺露。至明慶年，百官家口若不乘車，便坐簷子。至神龍末，冪羅殆絕。

也可以戴。《舊唐書‧吐谷渾傳》曰：「男子通服長裙縉帽，或戴冪䍦。」到了唐代，男子已不用它，婦女也不是任何場合都用，只是將它作爲出門遠行時的服飾，以防「途路窺之」。

但說它「全身障蔽」也不盡然，如果從頭至足俱被蒙住，婦人著之就不能騎馬。所以充其量也祇能障蔽半身。在日本東京國立博物館收藏痛一幅唐人帛畫〈樹下人物圖〉，圖中一人右手高擡，正在脫卸頭下的冪䍦（見圖4-3-24）。這種冪䍦以黑色布帛作成，長不過腰，下綴飄帶，在近臉處開一圓孔，孔中顯出眼鼻，餘則全被遮蔽，這也許是冪䍦的原型。該畫背面有先天二年（713年）和開元四年（716年）的年款，當屬初唐時期的流行款式，畫中女子所穿的襦袍，與邊上侍女所穿的線鞋等，與冪䍦的流行時間正相吻合。

圖4-3-24：〈樹下人物圖〉戴冪䍦的婦女　　圖4-3-25：戴冪䍦的婦女

日本東京國立博物館藏　　　　　　　　　現藏上海博物館
出處：《中國歷代婦女妝飾》頁104　　　出處：《中國歷代婦女妝飾》頁104

上海博物館藏的一件三彩女騎俑（見圖4-3-25），也戴這種冪䍦，冪䍦部分原爲黑色，現已褪落。冪䍦的形制爲平頂，臉部開孔，原可遮住嘴部，但被拉扯至下頦。它與前述帛畫的不同之處主要在冪䍦的長度，帛畫所繪的下搭至胸前，而三彩俑祇垂到頸間。估計現實生活中的冪䍦，在臉部開孔處還綴有一塊皀紗，這種皀紗在雕塑中不易表現，故祇能以圓孔代之。又如陪葬

其冪䍦之象，類今之方巾，全身障蔽，縉帛爲之，若便於事。非乘車舉及坐簷子，即此制誠非便於時也。開元初，宮人馬上著胡帽，靚妝露面，士庶咸效之。至天寶年中，士人之妻著丈夫靴、衫、鞭、帽，內外一體也。」

昭陵的張士貴墓出土的彩繪騎馬女俑（見圖 4-3-26）、現藏於河南博物院的騎馬女俑（見圖 4-3-27），皆是戴冪羅的形象。

圖 4-3-26：貼金彩繪騎馬女俑　　　圖 4-3-27：唐代戴冪**羅**騎馬女俑

　陪葬昭陵的張士貴墓出土　　　　　　現藏河南博物院

　　冪羅的變遷，是唐代婦女意識的折射。它是從北周時就定型了，先用藤、氈等製笠，再裱繪帛，或刷桐油防雨，然後從簷上垂下整幅紗帛製的帽裙，長度可把全身籠罩起來。它大概起源於《禮記》所說的面衣，有強烈的封建禮教的意義，即把婦女身體肌膚遮擋起來，以嚴「男女之大防」。也有把它用珠寶裝飾起來的。到了唐代，女性意識強烈的婦女們自然對此不滿，把它改造了一番，把帽裙盡量縮短。如〈樹下人物圖〉中的女子雖身穿長袍，頭戴冪羅，但帽裙已經短至脖項前（見圖 4-2-24）。

　　（二）帷帽

　　帷帽產生於隋代，隋代以前似無此制，及至初唐早期，因冪羅的流行，帷帽之制一度偏廢，到了高宗時期，又重新興起，並逐漸取代了冪羅。帷帽的重新興起，與當時社會的風氣有關。唐代是中國封建社會最發達、最繁榮的時代。經濟事業的發展，促使了精神文明的進步，社會風尚也隨之變化。這種變化反映在女妝上，則要求簡潔和輕便。女子外出頭上還蒙著一層冪羅，顯然已不合時宜。因此發生了變革。與冪羅相比，帷帽具有明顯的優點，首先是功能增強，寬大的席帽可遮陽蔽雨；其次是戴卸方便；再之可以將臉面「淺露」在外。這是唐代婦女為擺脫封建禮教束縛所作的大膽嘗試，盡管受到了保守勢力的反對，但風氣一開，已無法挽回。

　　《新唐書・五行志》稱：「永徽後，乃用帷帽，施裙及頸，頗為淺露。至神龍末，冪羅約絕。」到了永徽年間，出現一種「帷帽」，逐漸代替了冪羅。

帷帽又稱席帽，是一種高頂寬檐的笠帽。帷帽的前身是圍帽，女子外出時戴此，也可起到障蔽的作用。唐劉存《事始》引《實錄》：「以故蓆爲骨而鞔之，謂之席帽。女人戴著，其四網（圍）垂下網子，飾以朱翠，謂有障蔽之狀。」〔註141〕說的就是這種帽子。在帽檐周圍（或兩側，或前後）綴有一層網狀面紗，下垂至頸。早先也是西域人民的服飾。《事物紀原》曰：「帷帽創於隋代，永徽中拖裙（帽裙，即網紗）及頸。今世士人往往用皀紗全幅綴于油帽或氈笠之前，以障風塵，爲遠行之服，蓋本於此。」帷帽在民間婦女中傳開以後，曾經受到朝廷的干預，原因是「過爲輕率，深失禮容」，然「遞相仿效，浸成風俗」，已無法改變。

就是這樣還嫌不夠袒露，在唐高宗、武則天執政年間，婦女們又把帽裙換成了羅紗之類，前有開縫，僅僅起在野外遮擋風沙的作用，這稱做帷帽。《新唐書》、《中華古今注》都有記載，帷帽的形象，在唐代〈明皇幸蜀圖〉〔註142〕中有比較具體的描繪。畫面雖以山水爲主，人物僅處陪襯地位，但圖中人物的服飾特徵仍可一一分辨。其中有幾個騎馬女子，頭上就戴著這種帷帽（見圖4-3-28）。

據《舊唐書·輿服志》記載：「則天之後，帷帽大行，冪䍦漸息。中宗即位，宮禁寬弛，公私婦人，無復冪䍦之制。」〔註144〕這種帷帽的形制，在形象資料中有明確的反映，有些還保存得相當完整。如1972年新疆阿斯塔那唐墓出土的一件騎馬女俑（見圖4-3-29），頭上就戴著尖頂「笠子帽」，這帷帽有點像斗笠，帽前一卷輕紗垂落，歷經千餘年，猶保存著唐朝帷帽的眞實模樣。那騎在馬上的女郎，穿一套高腰襦裙，騎一匹高頭大馬，帽紗輕盈透明，似遮非遮，不須迎面吹佛來的清風，就已經嬌容顯露，華貴而從容，盛唐女兒的坦盪風采就這樣洋溢出來。令人驚嘆的是，帷帽周圍垂下的網狀「帽裙」，至今尤完好無損，這無疑爲後世了解初唐時期的帷帽形制提供了直接的物證。

〔註141〕《説郛》卷十，上海商務印書館，1927年排印本。

〔註142〕無名款，宋葉夢得《避暑錄》等著錄，清內府藏，《石渠寶笈三編》著錄，題爲《宋人關山行旅圖》。畫爲青綠設色，崇山峻嶺間一隊騎旅自右側山間穿出，向遠山棧道行進，前方一騎著紅方乘三花黑馬正待過橋，應爲唐明皇（玄宗），恰是：「嘉陵山川，帝乘赤驃起三駿，與諸王及嬪御十數騎，出飛仙嶺下，初見平陸，馬皆若驚，而帝馬見小橋，作徘徊不進狀。」嬪妃則著胡裝戴帷帽，展示著當時的習俗。中部侍、馭著數人解馬放駝略作歇息。山勢突兀，白雲縈繞，山石有勾勒無皴法，設色全用青綠。該畫較多，此圖雖可能爲宋代摹本，但比較接近李思訓父子畫派的風格。

〔註144〕《舊唐書·輿服志》卷四十五，北京：中華書局，1975年，頁1957。

圖 4-3-28：〈明皇幸蜀圖〉中戴帷帽的女子，右圖為戴帷帽女子的放大圖

唐　李昭道〔註143〕（傳唐代李思訓創作），現藏故宮博物院
出處：《中國美術全集・繪畫篇（2）》頁 33

圖 4-3-29：戴帷帽的騎馬婦女

新疆阿斯塔那唐張禮臣墓出土
出處：《中國美術全集・雕塑篇（4）》頁 119

〔註143〕李昭道，字建，盛唐人，李思訓之子，亦工著色山水，與其父同享盛名：官
　　　　至太子中舍，雖不至將軍，畫史亦稱小李將軍。他能「變父之勢，妙又過之」，
　　　　為歷代所稱頌，《唐朝名畫錄》則稱他畫的山水、鳥獸「甚多繁巧，智慧筆力
　　　　不及思訓」。他生活於唐玄宗時代，有可能畫安史之亂時明皇避難入蜀的題
　　　　材，〈明皇幸蜀圖〉體現了二李畫派的典型風格，時代特徵明顯，是反映唐代
　　　　山水畫面貌的重要傳世作品。

　　從全身障蔽的冪䍦，發展到漸爲淺露的帷帽，是婦女裝飾史上的進步。在封建社會裡，廣大婦女一直深受禮教的束縛，笑不得露齒，站不得依門，行不得露面，被奉婦女必須恪守的信條。唐代婦女爲擺脫這種精神羈絆，做了許多大膽的嘗試，廢棄冪䍦而大行帷帽，就是其中的一個方面。同時這也反映了唐代社會風尚比較開放，帷帽比起冪䍦，無疑是一種進步，但仍有一層「皂紗」擋在面前。帷帽普及後，婦女們又一次對它進行了改革，乾脆去掉了這層面紗，只將一塊皂帛包裹住頭的兩側，整個面龐全部祖露在外。

五、冠子

　　唐代有〈女冠子・昨夜夜半〉詞牌名，多詠女道士，也說明冠在唐時是女道士們常用的。當時高道喜歡戴黃冠，女道士也有戴的，女黃冠這個詞也就專指女道士。黃冠似乎是用一幅頭巾繫結而成，形如大朵花的樣子。詩人李涉詠〈黃葵花〉詩說：「好逐秋風上天去，紫陽宮女要頭冠。」鵝黃花的葵花正好似女仙、女道士們所戴的頭冠。

　　寫唐明皇和楊貴妃故事的《長恨歌傳》，都提到楊貴妃在兵亂後出現於蓬萊島上，戴金蓮冠穿紫綃衣佩紅玉佩，儼然是一位女仙或女道士，也就是〈長恨歌〉裡「雲鬢半偏新睡覺，花冠不整下堂來」的句子裡寫的花冠。蓮花和佛教、道教都有關，道教也稱它爲神仙之花，楊貴妃信奉道教，號太眞，戴蓮花冠也符合她的身份。從北宋武宗元所繪〈朝元仙仗圖〉中的樂師和仙女的頭飾和髮髻，描繪細緻，變化多端，頭戴鳳釵，上著簪花，髮髻高聳，雲鬢挽起，各極其態，富有神韻，其中還繪有似戴蓮花冠的仙女（見圖4-3-30）。因無傳世文物與出土文物等實物可供參考，但到明代，雲南沐氏家族墓中出土了金質的蓮花冠（見圖4-3-31），用金片連綴成蓮花狀，極爲富麗，與〈長恨歌〉上描寫的外冠形象應較爲貼近。

圖 4-3-30：戴金蓮冠的女仙們

北宋　武宗元〈朝元仙仗圖〉，美國紐約王季遷藏
出處：《中國美術全集‧繪畫篇（3）》頁 19

圖 4-3-31：雲紋蓮花金冠

雲南昆明呈貢王家營沐氏家族墓沐詳墓出土，現藏雲南省博物館

　　上海博物館藏一幅五代時的絹畫〈星相仕女圖〉，形象是一位穿重疊襦裙的貴婦，頭戴一道金箍製作的冠，圍著椎髻，冠下有雲形的裝飾，椎髻邊對稱插著兩支花釵，兩鬢又分插兩支管狀釵，鬢上還插著花鈿。這頭飾使她顯得更加雍容華貴（見圖 4-3-32）。

圖 4-3-32：貴婦頭戴一道金箍製作的冠

〈星相仕女圖卷〉五代·佚名

第四節　小　結

　　唐代的繪圖、詩詞中，有大量頭飾的圖像資料。著名的如〈簪花仕女圖〉、〈虢國夫人游春圖〉、〈搗練圖〉等。〈唐人宮樂圖〉描繪一群體形豐腴的宮女在傾聽音樂、飲宴，其中有梳墜馬髻、雲髻的，有戴花冠、上下插彩畫梳篦的，她們的儀態溫婉大方。墜馬髻側在一旁，雲髻高聳蓬鬆。花冠的圓瓣一葉葉舒展開，高髮髻上銀梳閃亮。盛唐的美態之中又帶著一絲慵懶嬌憨。一旁侍女手裡舉著拍板，梳垂髻，扎著幾道紅綢，顯得伶俐可親。周昉〈揮扇仕女圖〉上也有各種髮型。有一位梳拋家髻的女郎，已經把髮髻綰好，又在梳理如薄霧般的蟬鬢；還有戴玉冠的，梳墜馬髻的，還有梳雙垂髻的侍女。

　　唐代女子的頭飾，會聯想到唐代最美麗最著名的美人楊玉環。她的髮型是那麼繁雜多變，她無疑就是一位美髮專家。如《中華古今注》所說，楊貴妃作偏朵子、愁來髻、飛髻、百合髻，頭飾千變萬化。在腦中浮現〈長恨歌〉

對楊貴妃的描寫：「雲鬢花顏金步搖，芙蓉帳暖度春宵」、「花鈿委地無人收，翠翹金雀玉搔頭」、「雲鬢半偏新睡覺，花冠不整下堂來」等。這是盛唐的華貴之飾，是盛唐的一縷已經飄逝的舊夢，唯有用上述的語言來想象，來補充這雲鬢、黃金步搖、花鈿、翠翹、金雀釵、玉搔頭、花冠、步搖冠、玉冠的模樣。當楊貴妃平時閒居，所戴的是輕便的金蓮花冠、金翠首飾；她晚妝之時，戴的是金翠簪釵，以增添她的嫵媚；當她翩翩起舞，則有滿頭步搖在搖動；她出席宴會，戴的或者就是玉冠（玉葉冠）。

　　宮女戴的蓮花形小冠上還插著水晶雕刻的簪，她們為君主翩翩起舞時，是沿用唐代的精緻舞帽，帽上邊繡著花紋，綴下叮叮脆響的金鈴鐺。這深苑裡有各種簪、釵，有用金玉雕成的水鳥、蜻蜓和蟬作妝飾，還有綴金錢、綴鈴鐺的繡帽，花卉形冠子。宮女們滿頭奢華裝飾，卻被深鎖在重重高牆之中。她們從春到冬，隨著時光流轉裝點自己的紅顏，也不過是供君王一笑，祝君王千秋萬歲而已。

第五章 結 論

　　綜合以上結論，可以看到隋唐、五代漢人髮式、頭飾的發展於不同的情境及脈絡下，有不同的意義界定與歷史文化背景的差異。由外在的型態，可以看到兩者的外觀和式樣、類別。當將之視作物質本身或符號來解讀時，卻可發現背後多股社會機制、政治力量、人為操作、民俗信仰的交織作用，以及多種類型的涵意存在。在禮儀性、政治性、風俗性、審美性、民族性不一樣的文獻裡頭，各有不一樣的情境、場合，蘊孕出髮式、頭飾多樣化的性格與思想概念。

　　兩者始終都不是獨立存在，而是依存於人群活動、個體間的聯繫〔註1〕，具有社會經驗與個人主觀的體驗。也都不是完全的客觀事實，而是挾帶許多複雜的因素，如規範、情感、欲望、美色、財產、禁忌、直觀、聯想、偏見、強制壓迫、忽略等主觀意識〔註2〕，更多時候是說服運作和權力論述下的結果。在禮儀裡面，見到社會制約如何由朝廷貫徹到地方、由公領域到家庭私領域，同時也發覺統治階層如何執行與維護傳統價值。

　　在歷經魏晉六朝的戰亂及隋代短暫的安定後，中國這片土地終於迎接到一個盛世的顛峰──唐代。唐代是中國封建社會的鼎盛時期，也是中國歷史

〔註1〕　（德）Alfred Adler，蔡美玲譯，《了解人性：心理生命與性格剖析》，臺北市：遠流出版公司，民83年，頁39。所有的思想概念都不是意外或從天而降造成，社會生活是其生成的溫床。理性、邏輯、倫理、美學等領域都可以在人類群體生活中找到根源，以及其與個體間的關聯。

〔註2〕　（美）Lynn Hunt，江政寬譯，《新文化史‧導論：歷史、文化與文本》，臺北市：麥田出版社，2002年，頁37～38。符號化約了行動儀式或其他形式，這些符號並不是中性的透明的文本，而是由帶有各種意圖與策略的作者所撰寫。

上最開放的朝代之一。這一時期許特別是唐代前期）國家統一，疆域遼闊，政治穩定，經濟繁榮，文教昌盛，唐都長安成爲亞洲經濟文化中心。在盛唐雍容氣度感召下，以便利的交通爲有利條件，大批胡人紛紛來華，出現了絕域入貢，邦來朝的盛況。這一時期，朝政通達、經濟繁榮，百姓安居樂業，中外文化交流頻繁，不同風格的藝術形式紛起，詩人流麗的詩歌齊唱，婦女豐富的綺麗裝扮，使得整個唐代呈現出絢麗、華美的時代特色。

在東西方文化交流的頻繁，胡漢雜居的文化融合，直接影響唐代女審美及性別心理和社會地位的變化。唐代成爲一個女性獲得空前尊重、張揚個性、不拘小節、追求時尙、引領時尙的時代，東西方貿易的發展，商品的極大流通，爲女性髮式及頭飾的發展提供了大量珍貴而新奇的材料。在此情形之下，女子妝飾進入了一個輝煌的時代，變化萬千，風情萬種。唐代的頭髮妝飾是如此的華麗、絕美、無拘無束，以致超越了唐以前任何時代女性所想象的妝飾極限。她們如此強烈地用妝飾來表現自我，正如那個時代的文化，帶著極度的自信和奢華。

隋唐時代國家統一，文化發達，風氣開放。隋唐仕女們是美豔的，充滿自信的，髮型、頭飾也是千變萬化，無拘無束的，就像坦蕩無羈的女兒心，髮型喜歡高大，頭飾喜歡繁麗，以此來抒發自己關於愛情、春天和天堂的幸福夢想，還有難以言說的一絲絲惆悵。所以有無數的顯示神仙、瑞獸、奇花異草的花樣、紋飾，有珍貴的奇光閃爍的珠寶，都裝點在髮髻上，這是元氣充沛的年代，只有這樣放縱才能擁有這麼多的美，只有這樣美才令後代無數的女子豔羨。

唐代女子髮型、頭飾，會聯想到唐代最美麗最著名的美人楊玉環。她的髮型是那麼繁雜多變，她無疑就是一位美髮專家。如《中華古今注》所說，楊貴妃作偏朵子、愁來髻、飛髻、百合髻，頭飾千變萬化。在腦中浮現〈長恨歌〉對楊貴妃的描寫：「雲鬢花顏金步搖，芙蓉帳暖度春宵」、「花鈿委地無人收，翠翹金雀玉搔頭」、「雲鬢半偏新睡覺，花冠不整下堂來」。這是盛唐的華貴之飾，是盛唐的一縷已經飄逝的舊夢，唯有用上述的語言來想象，來補充這雲鬢、黃金步搖、花鈿、翠翹、金雀釵、玉搔頭、花冠、步搖冠、玉冠的模樣。

五代時的大臣和凝，爲了粉飾太平，寫下了〈宮詞〉百首，其中寫到了不少宮廷中的女子的髮型頭飾，仍保持著盛唐的餘暉。透過這些字面，能看

見那宮苑中隱現的一個個美麗的宮女的身影。看見她們在春日的深閣中無聊閒坐，鴨形香爐中嫋嫋升起沉香的烟霧，她的雲鬟上墜下用犀角雕出鳳凰的犀簪：「香鴨烟輕蒸水沉，雲鬟閑墜鳳犀簪」。

　　然而，我們依然無法忽略一個事實，那個時代的女性雖然擁有空前提高的社會地位、開放的思想、反叛的精神、個性的妝扮，她們還是沒能擺脫時代審美標準，仍然以男性為主導的厄運。一切的服飾妝扮雖然極盡華美，最終目的仍然是為了取悅男性，美醜的標準也仍然由男性來決斷。

　　本論文在研究中針對唐代婦女的髮式及頭飾加以整理，了解到唐代婦女多樣的面貌下，其真正原因是來自於唐代的文化多元性及社會開放性。與西域諸國交流頻繁，加上本身抱持的開放態度，使得唐朝境內人文薈萃、奇貨雲集，文化藝術自然輝煌燦爛。也因受到胡人之影響，甚至已達到穿胡服、化胡妝，以胡人妝扮為其時尚之地步。在這種刻意求新求異的文化氛圍中，唐代婦女的妝飾臻於極盛，乃為必然之事。

　　頭飾文化表現於兩個面向，在精神文化，異彩紛呈的髮形飾樣，折射出唐代社會審美風潮的流變；在物質文化，頭髮造型的創新，映照出富麗於外來文化的工藝轉移。透過擁有豪華髮式與使用高級工藝頭飾等炫耀性物質，展現出階級組織地位的尊卑貴賤之別。

　　自唐代豐富多樣的髻式發展中，足以證明唐代婦女對於裝扮的要求與喜好，來自社會風氣的期許。當一群體中大多數的個體均以悉心打理髮式為美的象徵，自然而然就會激發出各種創意變化，而欲達到這樣的現象，勢必要有安定繁榮的社會環境作為後盾。唐代國勢恰巧滿足了社會開放以及穩定富強的要件，足以催生出前所未有的豐富髮髻式樣變化。

　　唐代婦女頭飾的蓬勃發展，追根究底離不開唐代絢麗多彩的社會生活，隨著交通的便捷和異域妝飾的不斷傳入和交流融合，革新、創意的需求源源不絕，多彩炫麗的妝飾生活也就順理成章地成為唐代婦女展示美麗及展現自信的表徵方式。當然頭飾也有富麗、儉僕之別。娼妓、貴婦大多喜濃妝豔抹，貧女及勞動婦女則只能梳妝從儉。又宮女、娼妓好作各種奇特妝扮，更為一般民間婦女所力不能及。即便如此，整個社會依然督促著唐代婦女進行各式各樣的妝扮，縱然家徒四壁，無法負擔金銀綴飾的華飾品，仍至少須有鐵製或木製的頭飾作為基本的裝飾，也許相對較為樸素，卻至少基本上滿足了這些平民婦女們追求美麗的欲望。不論是何種飾品，最主要的目的均是要展示

唐代女性的優美姿態，為達到此目的所有的頭飾不論貴重或輕簡，無不以發揮創意奇想，爭奇鬥豔為第一考量，所展現在世人眼前的就是豐富超凡的各式精細工藝品。因此頭飾除了反映唐代婦女生活之外，連帶的也讓後世了解唐代在工藝藝術上的驚人成果。

唐代婦女的妝飾文化表現在精神與物質是一體兩面，由審美風潮與物質文化彼此交互作用。這些文化流動歷程有三，第一，特定階層內水平流動，婦女基於形象整飭需求，與社會組織內具競爭特性或優越者的社會比較，仿傚新妝飾，形成流行宮妝飾。第二，跨階級之妝飾垂直外擴流動，統治階級貴婦有著月暈效應的光環圍繞，其妝飾透過視覺傳遞，以人口流動為介質，由宮中向外擴及京城，流傳各地，成為流行妝飾。其三，跨文化之妝飾內聚傳遞，由國外輸入，胡風所染，婦女競逐殊異妝飾，如回鶻髻等，由外緣向內圈傳遞，形塑出唐代婦女繁複多端的妝飾文化風貌。

提到唐代婦女妝飾的豐富多變，除了分析造究此結果的前後背景外，最直接的便是去了解傳世文物所留下之形象。從這些自古流傳的古畫、壁畫及近年來紛紛出土的考古文物中，可以就此補捉到唐代婦女妝飾之豐盛形象，在本次的論文撰寫過程中了解到，雖然研究唐朝各種歷史的史家不在少數，但對於唐朝婦女的妝飾藝術上這個議題，確較為冷僻之領域。所幸近代學者在唐人妝飾研究上，已有所進展，雖然比起其他領域仍屬少之，但將其研究成果加以善用資料，應也可以有效協助其他研究者對各式繁複髮式與妝飾有更為清楚的認識與了解，這也正是本研究所期許的目標。

此外，本研究由於受到時空限制，僅針對唐朝這段時代進行資料蒐集以及整理。在整個悠長的中國歷史上成為一種橫斷面的研究。然而唐代髻式以及頭飾多樣化的結果其實受到前朝代影響極大，畢竟文化不是一天而成，風俗未能成於一夕。同樣的，唐代豐富的演變結果勢必影響接續而來的朝代，而後人必將在唐代的基礎上發展出全新的風貌。歷史是循著時間的推序而演進的，在時間軸上緊緊相扣的各個環節都將互相影響。為求全貌應該針對前代的影響作進一步的推論與整理。這是本研究主題未來得進一步探討的方向。

夢回大唐，再見唐代女子瑰麗的妝飾定會心旌神搖。那個偉大的時代締造了那個時代女性光彩奪目的妝扮，在中國歷史上留下了華美而燦爛的記憶。

第六章　附論：唐代婦女頭飾舉以文創產業的發想

　　當前世界各國無不竭盡全力發展文化創意產業，從西方的歐美各國，到東方的日本、中國、南韓、泰國、印度及臺灣，以至於南半球的澳洲、紐西蘭等國，都在政府引領下，積極結合企業與民間團體，期望能在新一波的全球賽局中，以文化競爭力取得致勝先機。

第一節　文化創意商品的興起

　　何謂創意產業？創意產業是不是產業？這些基本概念問題在學術理論界至今還存在爭論，否認派認為，創意自古就有，並存在於各行各業，在產業分類中無法歸類，創意產業是一種概念炒作，不能稱之為產業；還有些學者認為，創意產業即文化產業，只不過是用了一個新名詞而已；宣導者認為，創意產業已經從其他產業獨立出來，是在全球經濟進入以知識為核心競爭力的時代背景下應運而生，並蓬勃興起的新型產業。

　　目前，全球已有充分的案例足供證實，文化創意產業這個以文化或創意為核心的產業，在受智慧財產權保護的基礎下，不但能創造出財富與就業機會，而且還能提升生活品質。自上世紀 90 年代末以來，全球各國在受到英國成功經驗的激勵影響下，從西方到東方、從北半球到南半球，均先後以積極的態度，爭相發掘獨特專屬的產業資源。易言之，文化創意產業正不斷地以其自身所具有的獨特性、不易模仿性和低競爭等特性，為世界各國注入新經濟活力。〔註1〕

〔註 1〕夏學理、秦嘉嫄、洪琬喻、陳國政、施沛琳、謝知達，《文化創意產業概論》，
　　　　臺北市：五南圖書出版股份有限公司，2008 年 6 月，頁 5。

在全球化趨勢不斷加強，國際間競爭日趨激烈的今天，創意產業已經不僅僅是一個發展的理念，而是有著巨大經濟效益和社會效益的直接現實。創意經濟引發的熱浪正以前所未有的傳播速度影響著中國各地的經濟發展方式，改變了傳統的經營模式，也革新了人們的觀念和思維方式。

創意產業脫胎於文化產業又超越文化產業，是經濟發展模式的一種創新，它強調用全新的思維邏輯方式融入現有產業實現價值創新，從而促進對經濟運行系統的創新，對產業結構的優化和對區域綜合競爭力的提升，實現經濟發展方式的轉變。創意產業正日益成為驅動社會經濟全面發展的新引擎，這對正處於面臨國際、大陸雙重挑戰的中國經濟來說，具有重要的戰略意義。〔註2〕

中國創意產業還處在發展初期，各個城市在整合社會創意資源、累積創意資本促進創意產業的發展方面還顯不足。更重要的是創意產業的發展還沒有超越單純的產業層面，它在推動經濟發展方式的轉變、帶動更廣泛經濟領域的創新，以及促進社會和諧發展等方面所發揮的作用還沒有完全顯現。創意經濟的形成，從人才培養到城市轉型，都將是一個很長的發展歷程，這就更需要我們高瞻遠矚，順應當前的全球經濟發展趨勢，高度重視創意產業發展對中國未來經濟增長和社會協調發展的重要貢獻，堅定發展信心、把握時代機遇，結合自身的特色並充分發揮自己的優勢，大力發展創意產業。

創意產業通過一系列具有內在聯繫的引擎推動和轉化機制，從轉變觀念、改變個人、企獲利，進化到產業升級、城市轉型和社會發展，引領從企業到經濟社會的全面轉型。無論城市、地區，還是企業，要發展創意經濟，必須建造出舒適的工作生活環境、寬容的文化氛圍，必須高度重視創意人才的培養和發展。因此，創意產業的發展，客觀上將會創造良好的社會生態環境，培育創意階層、塑造創意城市、形成創意社群，而隨著這些充滿變革力量和經濟動力的創意群落的發展壯大，支撐起的將是一個嶄新的創意社會，一個迎著「朝陽」自信、堅定向前大踏步邁進的創意國度！〔註3〕

本論文以國立故宮博物院為例，故宮長久以來商品開發以及販售的方式無法促進合作廠商用心於新商品設計，對於其提供的商品開發已經不符合市

〔註2〕厲無畏，《創意改變中國》，臺北：商訊文化事業股份有限公司，2014年6月，頁15。
〔註3〕同上，頁21～22。

場需要卻往往不知不覺。既有商品無法創造更多感動，商店經營不佳也連帶影響了博物館整體予人之觀感。

2005 年 Old is New 系列的設計活動不僅為新形象宣傳，同時也讓故宮的商品市場重新注入活力。新銳設計師具有豐富的商業設操作經驗，用當代設計的創意手法表現蘊含故宮文物精神的商品，不僅在後續量產困難較少，且市場表現往往令人驚喜。如水越設計以院藏唐代女俑為發想，為故宮設計了妃妃系列，將角色性格根據歷史年代設定，融入故事性後設計出現代文具、馬克杯等等日常生活用品。本論文蒐尋故宮精品中所販售的文創商品，發現以「宮樂圖」為主題的文創商品頗具特色，尤其又以「墜馬髻頸枕」深受消費者的喜愛，也成為精品販賣部的熱搜商品，可為文創商品的典範。將其該系列的文創商品彙整如表 6-1 所示：

表 6-1：故宮博物院唐代文創商品彙整

商品名稱	圖　片	商品說明
仕女唐唐磁鐵夾		依國立故宮博物院藏之「唐人宮樂圖」作為設計發想，來自唐代的虛擬主題人物「仕女唐唐」一系列商品之一。
仕女唐唐吸油面紙		依國立故宮博物院藏之唐人宮樂圖作為設計，由來自唐代的虛擬主題人物「仕女唐唐」一系列商品，帶您品味故宮經典。擁有清爽潔淨的肌膚，絕對是關於「美麗」古今不變的真理。
唐嬪妃磁鐵框		衍生自國立故宮博物院院藏「唐人宮樂圖」，將原作中在演奏樂器的三位美女，轉變成時下拍照流行的手勢與動作，古今文化相容，增添許多趣味。

唐仕女俑好嬌音樂鈴		創意來源來自於國立故宮博物院藏品 唐灰陶加彩仕女俑作爲音樂鈴設計，轉動發條，仕女即會隨著音樂 360 度旋轉，彷彿眼前有一翩翩舞者，適用收藏、送禮。
古鑒──化妝鏡		衍生於國立故宮博物院 唐梟鏡。
墜馬髻頸枕		依國立故宮博物院藏之唐人宮樂圖作爲設計，以畫中「墜馬髻」爲主要元素，可以作爲旅遊、休憩時使用，也可做爲趣味飾品戴於頭上，適合小孩父母與朋友間同樂。唐人宮樂圖描繪後宮女眷十人，圍坐於長方大桌的四周，畫中仕女作元和「時式妝」的打扮，並充分顯示受楊貴妃影響，以豐腴爲尚的審美觀。前面四人，和側彈琵琶的一人，梳的髮型最是奇特，稱作「墜馬髻」。畫上雖無作者名款，但人物體態豐腴，髮髻衣飾的畫法，在在與晚唐時尚相侔。

唐三彩馬球 仕女俑		創意來自國立故宮博物院藏 品 唐 三彩馬球仕女俑。
複製　畫心 唐人宮樂圖		複製畫。

圖文來源：故宮精品網路商城

　　估算自故宮推展 Old is New 專案設計開發後續量產的商品其銷售量已近 20,000 個，約 8,500,000 元的業績。Old is New 故宮發展優質創意文化精品的企畫從各個層面切入，像是讓故宮伸出許多友善的觸角，試著讓故宮和產業界能發生關聯。邀請國外大師舉辦設計營培植國內優秀青年設計師、與優秀的產業界設計師合作設計故宮文化創意衍生商品、舉辦學生設計競賽、國際研討會、邀請異業合作、品牌結盟等等，故宮有這樣的資源以及豐厚的實力，具備期盼能夠擔任起充分溝通協調的關鍵，希望能夠分享文化創意資源的寶藏，進而打造出複合經濟體的產業平臺。〔註4〕

第二節　唐代婦女頭飾在多媒體文化產業下的影響

　　在古代繪畫、歷史影視作品中會看到梳高髻，配以滿頭的金銀花釵的婀娜女子。或許，在詩詞歌賦的描述中也會想像到那髮飾上的繽紛世界。這好像一直是中國古代仕女的經典形象。髮飾是她們美髮極其重要的部分，梳好的髮髻要用花和寶鈿花釵來裝飾，從目前傳世的古代婦女髮飾看，種類十分豐富，常見的有：簪、釵、梳、步搖、珠翠、金銀寶鈿、搔頭等。

　　假如說，電影是一場生活的切片，電影美術與人物造型設計則是門「生活還原」的藝術。它依據劇本設定，塑造出場景空間、角色外形，賦予劇情

〔註4〕夏學理、秦嘉嫄、洪琬喻、陳國政、施沛琳、謝知達，《文化創意產業概論》，臺北市：五南圖書出版股份有限公司，2008 年 6 月，頁 304～305。

說服力，協助電影舖設視覺風格。它所虛構的世界，是一個富於眞實性的環境、氛圍。〔註5〕電影《刺客聶隱娘》，爲了打造這個不曾去過，亦無法再度到達的盛況，空間場景的製作安排，以及角色外形的塑造，顧及劇本設定與史實考據，讓藩鎭割據的霸氣、多元文化的交織光彩、富麗開放的審美意識、精工與紡織物的奢華、佛道信仰的靈感，以及唐傳奇的幻逸風格，都恰如其分地落在電影情節上演的空間、器物和服裝配飾之中。

影視作爲大眾文化的一部分，甚至顚覆傳統大眾文化的表現方式，以聲色畫面展示創作者欲表達的概念，以不同的藝術表現手法傳遞著該時代的觀念。娛樂化即爲影視作品爲主要特徵，因此具有市場機制，透過不同的行銷手法和行銷管道，使得影視文學得以蓬勃發展，進而衍生出不同層面的發展。而「武則天」題材是最爲熱門的，橫跨大眾文學、影視戲劇等，皆隨處可見其改編的作品。

一、電影《刺客聶隱娘》

《刺客聶隱娘》是臺灣導演侯孝賢執導的武俠電影作品，改編自唐代作家裴鉶的傳奇小說《聶隱娘》，於2012年開拍，2014年1月13日殺青。該片入選第68屆坎城影展主競賽片，是侯孝賢第7次入圍坎城影展主競賽單元的作品，最終獲得最佳導演獎的肯定。《刺客聶隱娘》在坎城影展首映後，媒體普遍稱讚其畫面優美，但臺詞晦澀。侯孝賢爲此對該片大篇幅類似文言文的對白解釋「文言文」的起源，在於以前寫字得在龜甲、竹片上，須用最簡潔的文字註記，以幫助快速掌握意思，但是講話不見得會這樣說話，「大家都搞錯了，《聶隱娘》只是講話模仿那個時代的話，比較簡潔、用字比較古代而已。」在電影刊物《綜藝》與《好萊塢報導》等評論，都認爲《刺客聶隱娘》可說是侯孝賢最美的一部電影。

侯孝賢的工作團隊依史料文獻，再利用傳世文物及出土文物架構《刺客聶隱娘》整個的場景與人物塑造（見圖6-2-1、圖6-2-2、圖6-2-3）。可惜的事，雖努力貼近唐代時期的整體文化再現，但也仍維持唐影視作品的一貫敗筆，也就是在妝飾上與唐代當時差距頗大，也有可能受較早期劉嘉玲的《狄仁傑之通天帝國》影響，妝容貼近但確被批評爲最醜的武則天造型，每位演員妝容較爲現代感。但不可否認其在場景及服飾、髮型上的用心。

〔註5〕黃文英、謝淳清，《唐風尚》，新北市：INK印刻文學生活雜誌出版有限公司，2015年8月，頁56。

圖號	6-2-1
原圖	 陝西西安出土，梳雙刀半翻髻的隋彩繪女俑
仿圖	 梳雙刀半翻髻的貴婦
圖號	6-2-2
原圖	 唐 〈宮樂圖〉（作者不詳）
仿圖	 以〈宮樂圖〉來重現電影中貴族宴會之場景

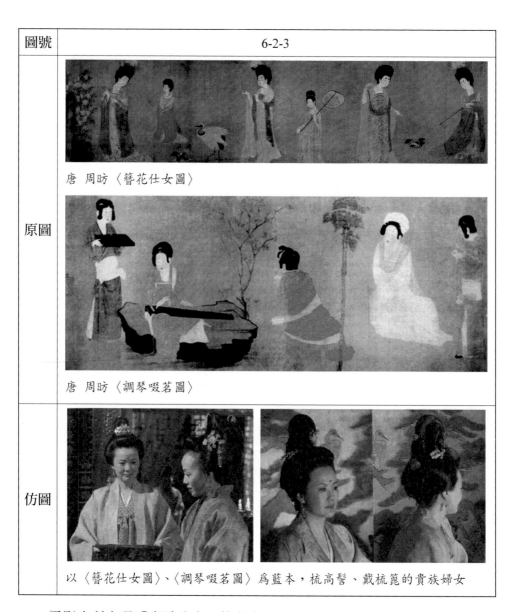

圖號	6-2-3
原圖	唐 周昉〈簪花仕女圖〉 唐 周昉〈調琴啜茗圖〉
仿圖	以〈簪花仕女圖〉、〈調琴啜茗圖〉為藍本，梳高髻、戴梳篦的貴族婦女

　　電影中所出現「嘉誠公主」的角色，雖然不存在於唐傳奇原著中，卻是歷史上真實的人物。《資治通鑑》裡，有嘉誠公主下嫁田緒的記載。電影中的嘉誠公主，擁有皇族的雍容大氣。對應劇本賦予的性格深度，嘉誠公主的造型（見圖6-2-4），不僅止於展現高雅大度外在形象；更試圖透過細節與象徵意義，透露她細膩深沉的情志。

圖號	6-2-4
原圖	 唐 周昉〈簪花仕女圖〉　　陝西西安李重俊墓壁畫
仿圖	 嘉誠公主頭梳峨髻，頭上飾花釵

在「上巳日〔註6〕的遊宴」這場戲裡，嘉誠公主一行人騎著馬，悠悠蕩蕩

〔註6〕 「三月三」，即夏曆三月初三，究其源，得追溯到華夏古代的上巳節。上巳，是按干支計算，指夏曆三月上旬的第一個巳日，即三月三日。這是在周代（公元前八世紀——公元前711年）我國華夏族民間一祓禍祈福的節日。這一天人們要去井邊、河邊洗腳，這就是水濱祓禊之俗。當時朝廷指定專職女巫掌管此事。祓是祓除病氣，使之清潔；禊是修潔，淨身。祓禊是通過洗濯身體，達到除去凶疾的一種祭儀。每年逢春秋兩季，人們都相約到「東流水上自潔濯」，實際上就是沐浴一番。因為古人認為，水和火都是至潔之物，可以消除一切疾病和災難。《詩經·鄭風·溱洧》，是鄭國（今河南省中部）古代民歌，它記載了春秋時代的鄭國，每逢春天三月桃花水漲的時候，男女青年都聚集在溱洧兩水之上，招魂續魄，秉執蘭草，祓除不祥，互相表示愛慕之情的生動情景。到漢代，三月上巳，才確定為節日。每逢該日，官民都去水邊洗濯，不僅民間風行，連帝王后妃也去臨水除垢，祓除不祥。三國時期的魏（公元220年——265年）以後，將上巳正式定為夏曆三月初三日，即春禊，作為每年歲時中的重要令節。到晉朝時，上巳修禊已演變為春遊踏青和水邊宴飲的娛樂性節日，所有臨水祓禊及水濱宴會活動都在這一天進行。據《燕京歲時記》載，唐玄宗曾於陰曆（即夏曆——覃注）三月初三在渭水邊上舉行祭儀，賜群臣柳圈，說

穿過綠徑林間，在明媚風光中，徐行、遊賞。本場景以張萱〈虢國夫人游春圖〉為藍本，描述著主人翁梳著高髻，神態從容，乘騎步伐輕鬆自如，人物服飾輕薄鮮明，一行人前呼後擁、浩浩蕩蕩如花團錦簇（見圖6-2-5）。

圖號	6-2-5
原圖	 唐 張萱〈虢國夫人游春圖〉
仿圖	依〈虢國夫人游春圖〉設計「上巳日的遊宴」場景中，梳高髻的貴婦

二、電視劇與電影中的「武則天」

　　近年來，歷史劇成為亞洲大眾流行文化的異數，尤其隨著影視與中國大陸之歷史與國學風潮而有愈加盛大的趨勢，中國大陸的國學熱與歷史劇也創造文化產業之佳績。其中近年來以頂著大製作的頭銜和范冰冰的高人氣，《武媚娘傳奇》甫一播出就斬獲高收視，根據央視索福瑞50城市網的測量數據，首播前三集的收視率達到2.28，成為有收視記錄以來，首播收視率最高的電視劇，大結局時以破5%的收視率創下近年來電視劇收視新高。

戴之可免蠱毒。杜甫《麗人行》開頭「三月三天氣新，長安水邊多麗人」記敘了當時節日情景。又據《唐書》記載，唐中宗在清明時賜群臣漢柳條，編織柳圈，以避蟲疫。還有種說法是，唐末黃巢起義時，以「戴柳」為號，取意「生機勃發」。說明在唐代，清明插柳已相當流行。

其實，大陸演員范冰冰近日主演古裝劇武媚娘傳奇，雖在亞州各地掀起一陣「武則天」風潮，就連台灣也不例外。但事實上，有許多女星演繹過這位在歷史上千年不衰的女帝武則天，包含劉曉慶、馮寶寶、潘迎紫、斯琴高娃、王姬、惠英紅、歸亞蕾、賈靜雯、李湘等人，各以不同面貌、個性出演電視劇或電影，盤點 15 位各時期的霸氣武則天，其彙整如表 6-2 所示：

表 6-2：1994～2014 年 15 位演出武則天的作品表

出品時間	2014 年	2014 年
作品名稱	《武媚娘傳奇》	《少年神探狄仁傑》
主演者	范冰冰	林心如
戲照（圖／翻攝自網路）		
出品時間	2013 年	2011 年
作品名稱	《唐宮燕》	《太平公主秘史》
主演者	惠英紅	李湘
戲照（圖／翻攝自網路）		

出品時間	2011 年	2011 年
作品名稱	《太平公主秘史》	《唐宮美人天下》
主演者	劉雨欣	張庭
戲照 （圖／翻攝自網路）		
出品時間	2011 年	2011 年
作品名稱	《武則天祕史》	《武則天祕史》
主演者	殷桃	劉曉慶
戲照 （圖／翻攝自網路）		
出品時間	2011 年	2001 年
作品名稱	《武則天祕史》	《京都疑雲》
主演者	斯琴高娃	王姬
戲照 （圖／翻攝自網路）		

出品時間	2010 年	2003 年
作品名稱	《狄仁傑之通天帝國》	《至尊紅顏》
主演者	劉嘉玲	賈靜雯
戲照 （圖／翻攝自網路）		
出品時間	2000 年	1985 年
作品名稱	《大明宮詞》	《一代女皇》
主演者	歸亞蕾	潘迎紫
戲照 （圖／翻攝自網路）		
出品時間	1984 年	
作品名稱	《武則天》	
主演者	馮寶寶	
戲照 （圖／翻攝自網路）		

從上表可以看出，唐代女子的髮式更加五彩繽紛，超越前人。唐代是中國封建社會的鼎盛時期，國家統一、經濟繁榮。如果說，二世而亡的隋朝如同曇花一現，那麼，強盛的唐代就好像怒放的牡丹，香氣四溢，千古流芳。唐代崇尚健康的美，從傳世的唐人繪畫作品中可以看出，當時的美女都是健壯的豐頤厚體。因此，在婦女的妝飾上，一掃前代萎靡不振的頹廢風氣，顯得華麗風雅。過去流行的各種髮式，幾乎都得到了創造性的繼承，偏垂的墜馬髻、盤繞的雲髻、高聳的飛天髻，在唐人手中都有翻新。

第三節　小　結

進入全球化的世代，固有的地理空間已逐漸消失，在這樣的過程裡，各區域的視覺藝術創作者，面臨到跨文化傳播的挑戰，必須思索如何在全球化與在地化的浪潮中自我定位。其次，在藝術商業化的浪潮下，視覺藝術向設計、時尚等領域靠攏，整合與延伸出獨具創意的文化商品，因此是要以市場為導向，或是以理想為考量，亦成為難題。

文化創意產業方興未艾，無論是企業或公司，文化工作者或一般大眾，所有的目光都在搜尋著機會，尋找著下一個如幾米一般的明星級插畫家。一幅插畫、一件素描，或一張照片都是創意靈感的來源，可以讓公司組織藉由商品化、複製、授權等等提供有形商品或無形服務的各種方法獲取利潤。如果只有原始的文化創意而沒有商品化的過程，就沒有隨之而來的製造、授權、交易等商業行為，也就不成為產業。無論是販售創意複製之有形物品，還是提供文化氛圍的體驗，均為創意經過商品化過程之後所提出的文化創意產業產品。

生活美學創意產業之範圍極為廣泛，除大眾傳播外，設計與創意產業、多媒體甚至文化觀光等產業均屬其範疇。若不把大眾傳播產業包含在內，生活美學創意產業的特色充滿了設計、創意與時代感。

利用傳世圖像、傳世文物及出土文物，再配合史料記載，將予相容並活化，實際的運用在文創商品、影視作品中，使現代人更能貼近歷史發展的軌跡，不再認為「歷史」是一門枯燥又乏味的學科，處處都可用在生活中，擦撞出燦爛的火花。

參考書目

出版年代皆以西元年表列

一、典籍史料（按作者年代排列）

1. （漢）趙曄，（元）徐天祐注，《吳越春秋》，臺北：臺灣商務印書館，1968。

2. （漢）劉向，《戰國策》，臺北：臺灣古籍出版社，1996。

3. （漢）劉向，張敬註，《列女傳今註今譯》，臺北：臺灣商務印書館，1994。

4. （漢）劉安等著，《淮南子》，臺北：新文豐出版股份有限公司，1978。

5. （漢）劉熙，《釋名》，臺北：臺灣商務圖書館，1967。

6. （漢）班固，《漢書》，臺北：鼎文書局，1978。

7. （漢）班固，《漢武內傳》，收於（清）王謨輯《增訂漢魏叢書》（二），臺北：大化書局，1988。

8. （漢）許慎，《說文解字》，臺北：世界書局，1960。

9. （晉）崔豹，《古今注》，原刻景印百部叢書集成畿輔叢書第四函，臺北：藝文印書館，1966。

10. （陳）姚最，《續畫品·謝赫》，原刻景印百部叢書集成津逮秘書第三函，臺北：藝文印文書館，1968。

11. （唐）房玄齡等，《晉書》，臺北：鼎文書局，1978。

12. （唐）魏徵等，《隋書》，臺北：鼎文書局，1978。

13. （唐）姚思廉，《陳書》，臺北：鼎文書局，1978。

14. （唐）李百藥，《北齊書》，臺北：鼎文書局，1978。

15. （唐）令狐德棻，《周書》，臺北：鼎文書局，1978。

16. （唐）王建，《王司馬集》，臺北：臺灣商務印書館，出版年不詳。

17. （唐）元稹，《元稹集》，臺北：漢京文化事業公司，1983。

18.（唐）白居易,《白居易詩集》,臺北:里仁書局,1980。

19.（唐）白居易,《白香山詩集》,臺北:世界書局,1961。

20.（唐）李白,《李太白全集》,臺北:里仁書局,1981。

21.（唐）李白撰,瞿蛻園等校注,《李白集校注》,臺北:里仁書局,1981。

22.（唐）李林甫等撰,陳仲夫點校,《唐六典》,中國北京:中華書局,1992。

23.（唐）李商隱撰,朱鶴齡箋注,沈厚塽輯評,《李義山詩集》,臺北:臺灣學生書局,1967。

24.（唐）李商隱撰,劉學鎧、余恕誠輯,《李商隱詩歌集解》,中國:北京中華書局,1998。

25.（唐）李賀撰,《李賀詩選譯》,臺北:錦繡出版事業股份有限公司,1992。

26.（唐）李賀撰,（明）曾益等注,《李賀詩注》,臺北:世界書局,1996。

27.（唐）岑參撰,陳鐵民、侯忠義輯,《岑參集校注》,臺北:漢京文化事業公司,1985。

28.（唐）杜甫撰,（清）錢謙益箋注,《杜詩錢注》,臺北:世界書局,1956。

29.（唐）杜甫撰,仇兆鰲注,《杜詩詳注》,中國上海:中華書局,1979。

30.（唐）杜佑,《通典》,臺北:大化書局,1978。

31.（唐）杜牧,《樊川文集》,上海:上海古籍出版社,1982。

32.（唐）杜牧撰,吳鷗譯注,《杜牧詩文選譯》,中國成都:巴蜀書社出版,1991。

33.（唐）孟郊,《孟東野詩集》,臺北:臺灣商務印書館,1967。

34.（唐）孟浩然撰,游信利編,《孟浩然集箋注》,臺北:臺灣學生書局,1975。

35.（唐）段成氏,《酉陽雜俎》,臺北:漢京文化事業有限公司,1983。

36.（唐）韋莊,李誼校注,《韋莊集校注》,中國:四川社會科學院出版社,1986。

37.（唐）張泌,《妝樓記》,臺北:藝文印書館,1968。

38.（唐）張鷟,《朝野僉載》,臺北:臺灣商務印書館,1966。

39.（唐）朱揆,《筆記小說大觀·釵小志》,臺北:新興書局,1974。

40.（唐）宇文氏,《筆記小說大觀·粧臺記》,臺北:新興書局,1974。

41.（唐）段柯古,《筆記小說大觀·髻鬟品》,臺北:新興書局,1974。

42.（唐）岑參撰,陳鐵民、侯忠義輯,《岑參集校注·敦煌太守後庭歌》,臺北:漢京文化事業公司,1985。

43.（唐）陶潛,襲斌注《陶淵明集校箋》,中國:上海古籍出版,1996。

44.（唐）康駢,《劇談錄》,貴池先哲遺書,嚴一萍選輯,臺北:藝文印書館,1971。

45. （唐）曹鄴撰，（清）梁超然、毛水清注，《曹鄴詩注》，中國：上海古籍出版社，1982。

46. （唐）寒山，《寒山詩集》，臺北：漢聲出版社，1973。

47. （唐）虞世南，《北堂書鈔》，中國北京：學苑出版社，1998。

48. （唐）劉禹錫撰，卞孝萱校訂，《劉禹錫集》，中國上海：群玉堂，1992。

49. （唐）劉禹錫撰，吳汝煜、李穎生選注，《劉禹錫詩文選注》，中國：上海古籍出版社，1996）

50. （唐）劉肅，《大唐新語》，臺北：臺灣商務印書館，1965。

51. （唐）駱賓王，《駱賓王文集》，臺北：臺灣商務印書館，1967。

52. （唐）顧況，《華陽集》，臺北：臺灣商務印書館，1974。

53. （唐）蘇鶚，《杜陽雜編》，臺北：臺灣商務印書館，1979。

54. （唐）盧照鄰，《盧昇之集》，中國：上海古籍出版社，1992。

55. （唐）韓偓撰，吳汝綸評注，《韓翰林集〈香奩集〉》，臺北：學生書局，1967。

56. （唐）權德輿，《權載之文集》，臺北：臺灣商務印書館，1967。

57. （唐）張彥遠，《歷代名畫記》，原刻景印百部叢書集成學津討原第十六函，臺北：藝文印書館，196。

58. （五代）馬縞，《中華古今注》，原刻景印百部叢書集成百川學海類編第一函，臺北：藝文印書館，1966。

59. （後晉）劉昫，《舊唐書》，臺北：鼎文書局，1976。

60. （後晉）劉昫，《舊唐書》，臺北：鼎文書局，1981。

61. （後蜀）花蕊夫人撰，徐式文箋注，《花蕊宮詞箋注》，中國成都：巴蜀書社，1992。

62. （後蜀）趙崇祚，《宋本花間集》，臺北：藝文印書館，1960。

63. （宋）李昉，《太平御覽》，臺南：平平出版社，1975。

64. （宋）歐陽修、宋祁撰，楊家駱主編，《新唐書》，臺北：鼎文書局，1976。

65. （宋）歐陽修等，《新唐書》，臺北：鼎文書局，1981。

66. （宋）司馬光撰，胡三省注，《新校資治通鑑注》，臺北：世界書局，1993。

67. （宋）歐陽修，許嘉璐主編，《新五代史》，中國上海：漢語大詞典出版社，2004。

68. （宋）司馬光，《資治通鑑》，臺北：西南書局，1982。

69. （宋）王溥，王雲五主編，《唐會要》，臺北：臺灣商務印書館，出版年不詳。

70.（宋）王讜，《唐語林》，臺北：世界書局，1975。

71.（清）聖祖御定，《全唐詩》點校本，臺北：宏業書局，1977。

72.（清）李兆洛輯，《駢體文鈔》，臺北：中華書局，1966。

73.（清）許槤輯，《六朝文絜》，臺北：中華書局，1966。

74.（清）嚴可均，《全上古三代秦漢三國六朝文》，中國北京：中華書局，1958。

75.（清）桂文燦，《論語集註述要》，臺北：力行書局，1973。

76. 沈文凡等編著，《漢魏六朝詩三百首譯析》，中國長春：吉林文史出版社，1999。

77. 周建江輯校，《南北朝隋詩文紀事》，中國鄭州，中州古籍出版社，2001。

78. 姜義華，《新譯禮記讀本》，臺北：三民書局，2004。

二、近代專著（按出版年代排列）

（一）中文專書

1. 李符桐，《回鶻史》，臺北：臺灣商務印書館，1963。

2. 王雲五主編，《宣和畫譜》，臺北：臺灣商務印書館，1966。

3. 張玉書主編，《康熙字典》，臺北：臺灣商務印書館，1968。

4. 楊家駱主編，《唐人傳奇小說》，臺北：世界書局，1974。

5. 蔡壽美，《唐代婦女的妝飾》，高雄：中外圖書公司，1976。

6. 傅樂成，《漢唐史論集・唐型文化與宋型文化》，臺北：聯經出版事業公司，1977。

7. 吳兢，《貞觀政要》卷九，中國：上海古籍出版社，1978。

8. 陳寅恪，《元白詩箋證稿》，中國：上海古籍出版社，1978。

9. 陳東原，《中國婦女生活史》，臺北：臺灣商務印書館，1981。

10. 王壽南，《隋唐史》，臺北：三民書局，1986。

11. 韓養民，《秦漢文化史》，臺北：里仁書局，1986。

12. 陳夏生，《中華五千年文物集刊服飾篇》，臺北：中華五千年文物集刊編輯委員會，1986。

13. 何建國、張艷鶯、郭佑民，《唐代婦女髮髻》，中國：香港審美有限公司，1987。

14. 黃輝，《中國古代人物服飾與畫法》，中國上海：人民美術出版社，1987。

15. 沈從文，《中國古代服飾研究》，臺北：南天書局有限公司，1988。

16. 周汛、高春明，《中國古代服飾風俗》，臺北：文津出版社，1988。

17. 尚剛，《唐代工藝美術史》，中國：浙江文藝出版社，1988。

18. 周汛、高春明，《中國歷代婦女妝飾》，臺北：南天書局有限公司，1988。

19. 高世瑜，《唐代婦女》，中國西安：三秦出版社，1988。

20. 徐純主編，《中華五千年文物集刊－古俑篇》，臺北：中華文物集刊編輯委員會，1988。

21. 戴爭，《中國古代服飾簡史》，中國北京：輕工業出版社，1988。

22. 周汛、高春明，《中國古代服飾風俗》，臺北：文津出版社，1989。

23. 周錫保，《中國古代服飾史》，臺北：南天書局有限公司，1989。

24. 中國美術全集編委會，《中國美術全集繪畫編》第 2 集《隋唐五代》，中國北京：文物出版社，1989。

25. 華梅，《中國服裝史》，中國：天津人民美術出版社，1989。

26. 許南亭、曾曉明，《中國服飾史話》，中國北京：輕工業出版社，1989。

27. 王仁波，《隋唐文化》，中國上海：學林出版社，1990。

28. 上海戲曲學校中國服裝史研究組編，周汛、高春明撰文，《中國歷代服飾》，中國上海：學林出版社，1991。

29. 王維堤，《衣飾的天地》，臺北：臺灣商務印書館股份有限公司，1991。

30. 康正果，《風騷與豔情》，臺北：雲龍出版社，1991。

31. 鮑家麟主編，《中國婦女史論集（續集)》，臺北：稻鄉出版社，1991。

32. 陳尚君輯校，《全唐詩補編》，中國北京：中華書局，1992。

33. 中國服飾大辭典編委會，《中國服飾大辭典》，中國：山西人民出版社，1992。

34. 黃集偉，《審美社會學》，臺北：五南出版社，1993。

35. 馮天瑜、何曉明、周積明，《中華文化史》，臺北：桂冠圖書股份有限公司，1993。

36. 趙超，《華夏衣冠五千年》，臺北：中華書局，1993。

37. 劉志琴、吳延嘉，《中國文化史概論》，臺北：文津出版社，1994。

38. 劉麗華，《中國隋唐五代習俗史》，中國北京：人民出版社，1994。

39. 鄭學檬、冷敏述，《唐文化研究論文集》，中國上海：人民出版社，1994。

40. 潘重規編著，《敦煌變文集新書》，臺北：文津出版社，1994。

41. 李肖冰，《中國西域民族服飾研究》，臺北：美工出版社，1995。

42. 林淑心，《衣錦形——中國服飾史相關之研究》，臺北：國立歷史博物館，1995。

43. 黃能馥、陳娟娟，《中國服裝史》，中國北京：中國旅遊出版社，1995。

44. 李國珍，《大唐壁畫》，中國：陝西旅遊出版社，1996。

45. 王秋桂，《神話、信仰與儀式》，臺北：稻鄉出版社，1996。

46. 周汛、高春明編，《中國衣冠服飾大辭典》，中國：上海辭書出版社，1996。

47. 霍然，《唐代美學思潮》，中國：長春出版社，1997。

48. 陝西省考古研究所，《陝西新出土唐墓壁畫》，中國：重慶出版社，1998。

49. 李雲，《頭飾與風俗》，中國：上海文化出版社，1998。

50. 周汛、高春明，《中國傳統服飾形制史》，臺北：南天書局有限公司，1998。

51. 陝西省考古研究所，《陝西新出土唐墓壁畫》，中國：重慶出版社，1998。

52. 廖美雲，《唐伎研究》，臺北：學生書局，1998。

53. 李斌城、李錦繡、張澤咸、吳麗娛、凍國棟、黃正建，《隋唐五代社會生活史》，中國北京：中國社會科學出版社，1998。

54. 周天游主編，《盛唐氣象—恢宏燦爛的華美樂章》，中國：浙江人民美術出版社，1999。

55. 王宇清，《國服史學鉤沉》，臺北：輔仁大學出版社，2000。

56. 李秀蓮，《中國化粧史概說》，中國北京：中國紡織出版社，2000。

57. 林富士，《小歷史：歷史的邊陲》，臺北：三民書局，2000年。

58. 段塔麗，《唐代婦女地位研究》，中國北京：人民出版社，2000。

59. 陳履生主編，《中國人物畫——隋唐卷》，中國深圳：廣西美術出版社，2000。

60. 吳玉貴，《中國風俗通史·隋唐五代卷》，中國：上海文藝出版社，2001。

61. 蔡子諤，《中國服飾美學史》，中國：河北美術出版社，2001。

62. 朱和平，《中國服飾史稿》，中國：中州古籍出版社，2001。

63. 高春明，《中國服飾名物考》，中國：上海文化出版社，2001。

64. 何小顏，《花的檔案》，臺北：臺灣商務印書館股份有限公司，2001。

65. 孫機，《中國古輿服論叢》，中國北京：文物出版社，2001。

66. 華梅，《服飾與中國文化》，中國北京：人民出版社，2001。

67. 蔡子諤，《中國服飾美學史》，中國：河北美術出版社，2001。

68. 李斌城主編，《唐代文化》，中國北京：中國社會科學出版社，2002。

69. 陳安利，《唐十八陵》，中國北京：中國青年出版社，2002。

70. 趙聯賞，《服飾史話》，臺北：國家出版社，2003。

71. 鄧小南主編，《唐宋女性與社會》，中國：上海辭書出版社，2003。

72. 趙超，《雲想衣裳·中國服飾的考古文物研究》，中國：四川人民出版社，2004。

73. 董新林，《幽冥色彩》，中國：四川人民出版社，2004。

74. 鴻宇，《服飾》，中國北京：宗教文化出版社，2004。

75. 葛劍雄，《中國移民史》，臺北：五南書局，2005。

76. 王耘，《唐代美學範疇研究》，中國上海：學林出版社，2005。

77. 洛陽師範學院河洛文化國際研究中心，《洛陽考古集成·隋唐五代宋卷》，中國：北京圖書館出版社，2005。

78. 管彥波，《中國頭飾文化》，中國：內蒙古大學出版社，2006。

79. 鄭婕，《中國古代人體裝飾》，中國西安：世界圖書出版西安公司，2006。

80. 岑靜雯，《唐代宦門婦女研究》，臺北：文津出版社有限公司，2006。

81. 姚平，《唐代婦女的生命歷程》，中國：上海古籍出版社，2006。

82. 唐宇冰，《女性服飾文化與形象設計》，中國北京：中國社會科學出版社，2006。

83. 通鑑文化編輯部，《中國考古大發現》，臺北：人類智庫股份有限公司，2006。

84. 雲中天，《永遠的風景——中國民俗文化（服飾）》，中國北京：百花洲文藝出版社，2006。

85. 董理主編，《魅力獨具的唐墓壁畫》，中國西安：陝西人民出版社，2006。

86. 霍仲濱，《洗盡鉛華——服飾文化與成語》，中國北京：首都師範大學出版社，2006。

87. 嚴紀華，《碧玉紅牋寫自隨－綜論唐代婦女詩歌》，臺北：秀威資訊科技，2006。

88. 楊晶，《中華梳篦六千年》，中國：紫禁城出版社，2007。

89. 陳弱水，《唐代婦女文化與家庭生活》，臺北：允晨文化實業股份有限公司，2007。

90. 黃士龍，《中國服飾史略》，中國：上海文化出版社，2007。

91. 孔德明主編，《中國服飾造型鑒賞圖典》，中國：上海辭書出版社，2008。

92. 鄭巨欣、陸越，《梳理的文明—關於梳篦的歷史》，中國：山東畫報出版社，2008。

93. 夏學理、秦嘉嫄、洪琬喻、陳國政、施沛琳、謝知達，《文化創意產業概論》，臺北：五南圖書出版股份有限公司，2008。

94. 宋德熹，《唐史識小》，臺北縣：稻鄉出版社，2009。

95. 黃良瑩，《北朝服飾研究》，臺北：國立歷史博物館，2011。

96. 廖世璋，《文化創意產業》，高雄：巨流圖書股份有限公司，2011。

97. 黃光男，《詠物成金──文化、創意、產業析論》，臺北：典藏藝術家庭，2011。

98. 孫機，《仰觀集：古文物的欣賞與鑒別》，中國：文物出版社，2012。

99. 葛承雍，《女性與盛唐氣象》，中國：安徽人出版社，2013。

100. 劉永華，《中國歷史服飾集萃》，中國北京：清華大學出版社，2013。

101. 厲無畏，《創意改變中國》，臺北：商訊文化事業股份有限公司，2014。

102. 賈嫚，《唐代長安樂舞研究──以西安地區出土文物樂舞圖像為中心》，中國北京：中國社會科學出版社，2014。

103. 馬大勇，《雲髻鳳釵─中國古代女子髮型頭飾》，中國山東：齊魯書社，2015。

104. 游麗雲，《唐代仕女妝容文化探微》，新北市：稻鄉出版社，2015。

105. 陳芳，《粉黛羅綺 中國古代女子服飾時尚》，中國北京：三聯書店，2015。

106. 黃文英、謝淳清，《唐風尚》，新北市：INK 印刻文學生活雜誌出版有限公司，2015。

107. 傅伯星，《大宋衣冠──圖說宋人服飾》，中國：上海古籍出版社，2016。

108. 撷芳主人，《大明衣冠圖志》，中國：北京大學出版社，2016。

109. 孫晨陽、張珂編，《中國古代服飾辭典》，中國北京：中華書局，2016。

110. 林梅村，《西域考古與藝術》，中國：北京大學出版社，2017。

111. 煮酒君，《唐朝女人折騰史》，臺北：麥田出版，2017。

112. 黃能福、陳娟娟、黃鋼，《服飾中華·上卷（夏商周─隋唐五代)》，新北市：楓樹林出版事業有限公司，2018。

113. 黃能福、陳娟娟、黃鋼，《服飾中華·下卷（宋代─民國)》，新北市：楓樹林出版事業有限公司，2018。

114. 森安孝夫，張雅婷譯，《絲路、遊牧民與唐帝國》，新北市：八旗文化，2018。

（二）翻譯書目

1. （英）阿諾德·湯恩比（Arnold Toynbee），陳曉林譯，《歷史研究》，臺北：桂冠圖書，1978。

2. （日）原田淑人，常任俠、郭淑芬、蘇兆祥譯，《中國服裝史研究》，中國安徽：黃山書社，1998。

3. Michael Argyle，蔡伸章、吳思齊譯，《Bodily Communication》（《肢體溝通》），高雄：巨流圖書公司，1998。

4. （美）愛德華·謝弗，吳玉貴譯，《唐代的外來文明》（原名為《撒馬爾罕的金桃─唐朝的舶來品研究》），西安：陝西師範大學出版社，2005。

5. （英）杰弗里・巴勒克拉夫，楊豫譯，《當代史學主要趨勢》，中國：北京大學出版社，2006。

6. （英）愛德華・卡爾，江政寬譯，《何謂歷史》，臺北：博屋書屋，2009。

三、期刊論文

1. 傅樂成，〈天寶雜事〉，《漢唐史論集》，臺北：聯經出版事業公司，1977。

2. 傅樂成，〈唐型文化與宋型文化〉，《漢唐史論集》，臺北：聯經出版事業公司，1977。

3. 童依華，〈胡人為何人──介紹幾件唐代的人俑〉，《故宮文物月刊》第 2 卷第 3 期，1984。

4. 趙雲，〈俑之生〉，《故宮文物月刊》第 2 卷第 3 期，1984。

5. 劉良佑，〈絢麗多彩的唐三彩〉，《故宮文物月刊》第 2 卷第 3 期，1984。

6. 劉萬航，〈中國歷代的頭飾〉，《故宮文物月刊》第 2 卷第 3 期，1984。

7. 莊申，〈虢國夫人遊春圖考〉，收入第一屆國際唐代學術會議論文集編輯委員會主編，《第一屆國際唐代學術會議論文集》，臺北：和平書局，1989。

8. 西安市文物管理處，〈唐董僧利墓清理簡報〉，《考古與文物》第 1 期，1991。

9. 李軍輝，〈西安東郊黃河機器製造廠漢唐、五代墓發掘簡報〉，《考古與文物》第 5 期，1991。

10. 宋德熹，〈唐代的妓女〉，收入鮑家麟主編，《中國婦女史論集（續集）》，臺北：稻鄉出版社，1991。

11. 西安市文物管理處，〈西安東郊清理的兩座唐墓〉，《考古與文物》第 5 期，1992。

12. 莊申，〈唐代婦女的服飾〉，收入國立編譯館主編，《唐代研究論文集第二輯》，臺北：新文豐出版社，1992。

13. 楊軍凱，〈陝西省第三印染廠兩座唐墓清理簡報〉，《考古與文物》第 5 期，1992。

14. 段莉芬，〈《花間集》中婦女的頭面裝飾及其在修辭上的效果〉，《建國學報》第 12 期，1996。

15. 余愛蓮，〈古今中外假髮乾坤〉，收入王秋桂等編《神話、信仰與儀式》，臺北：稻鄉出版社，1996。

16. 王家儉，〈中國人的頭髮為什麼會惹禍?〉，《歷史月刊》，1996/05。

17. 艾之玉，〈中國妓女的起源與演變〉，《歷史月刊》，1996/12。

18. 段莉芬，〈《花間集》中婦女的頭面裝飾集期在修辭上的效果〉，《建國學報》第 12 期，1996。

19. 常建華,〈中國娼妓史研究概述〉,《歷史月刊》,1996/12。

20. 韓香,〈魏晉南北朝時期陝西少數民族分布與姓氏〉,《陝西歷史博物館館刊》第四輯,中國:西安,1997。

21. 陝西省考古研究所、陝西歷史博省館、昭陵博物館,〈唐昭陵新城長公主墓發掘簡報〉,《考古與文物》第三期,1997。

22. 洛陽市文物工作隊,〈洛陽北郊清理的一座晚唐墓〉,《考古與文物》第 6 期,1998。

23. 陝西省考古研究所、浦城縣文體廠電局,〈唐惠莊太子墓發掘簡報〉,《考古與文物》第 2 期,1999。

24. 張維慎、梁彥民,〈兩件唐代跪拜俑拜儀考〉,《考古與文物》第一期,1999。

25. 黃嫣梨,〈班超與《女誡》〉,收入氏著,《中國婦女史研究論集》,中國香港:牛津大學出版社,1999。

26. 偃師商城博物館,〈偃師縣溝口頭磚廠唐墓發掘簡報〉,《考古與文物》第 5 期,1999。

27. 黃俐平,〈風吹仙袂飄飄帶,猶如霓裳羽衣舞──唐彩繪陶女舞俑賞析〉,《東南文化》,2000/06。

28. 高春鴻,〈昭陵唐墓壁畫〉,《文物世界》第 1 期,2002/01。

29. 王金秋,〈裙帶生風 婀娜多姿──洛陽出土唐代三彩女俑賞析〉,《文物世界》,2003/03。

30. 李怡、潘忠泉,〈唐人心態與唐代貴族女子服飾文化〉,《中華女子學院學報》第 15 卷第四期,2003。

31. 齊東方,〈濃妝淡抹總相宜──唐俑與婦女生活〉,收入鄧小南主編,《唐宋女性與社會》,中國:上海辭書出版社,2003。

32. 晏新志,〈大唐文明之花──唐代婦女服飾文化〉,《文博》,2004/01。

33. 王彬,〈唐墓壁畫中的婦女頭飾〉,《東南文化》,2004/06。

34. 郭海文,〈反叛傳統 挑戰男權──試論唐代婦女服裝〉,《中華女子學院學報》第 16 卷,2004/06。

35. 301 國道孟津考古隊,〈洛陽孟津西山頭唐墓〉,《洛陽考古集成·隋唐五代宋卷》,中國:北京圖書館出版社,2005。

36. 李浩,〈從唐代仕女畫看唐代婦女妝飾制度〉,《太原城市職業技術學院學報》第 4 期,2005。

37. 洛陽市文物工作隊,〈河南洛陽澗西谷水塘墓清理簡報〉,《洛陽考古集成·隋唐五代宋卷》,中國:北京圖書館出版社,2005。

38. 洛陽市文物工作隊,〈唐睿宗貴亡豆盧氏墓發掘簡報〉,《洛陽考古集成·隋唐五代宋卷》,中國:北京圖書館出版社,2005。

39. 單國霖，〈大唐盛世之泱泱風采——陝西唐墓壁畫巡禮〉，《上海藝術家》第 1 期，2005/01。

40. 范強，〈論唐代女子的面妝及髮式〉，《裝飾》，2005/03。

41. 馮健，〈樂聲悠揚舞翩躚——唐代岑氏墓彩繪樂舞俑賞析〉，《中原文物》第 4 期，2005/04。

42. 趙以娟、張榮紅、勤峰，〈中國唐朝婦女的頭飾初探〉，《寶石和寶石學雜誌》，第 8 卷，第 2 期，2006。

43. 包曉蘭，〈論唐代婦女服飾藝術的多樣性〉，《內蒙古大學藝術學院》，2006/04。

44. 張立豔，〈論唐代髮式設計的文化意蘊〉，《內蒙古農業大學學報（社會科學版）》第 8 卷，2006/04。

45. 張嚴松，〈從《簪花仕女圖》看唐代婦女服飾〉，《藝術研究》，2006/04。

46. 劉合心，〈陝西長安興教寺發現唐代石刻線畫搗練圖〉，《文物》，2006/04。

47. 周柏齡，〈夜幕下的深宮侍者——觀唐永泰公主墓壁畫宮女圖〉，《收藏界》，2006/05。

48. 趙以娟、張榮紅、秦峰，〈中國唐朝婦女的發飾初探〉，《寶石和寶石學雜誌》8 卷 2 期，2006/06/01，頁 45～47。

49. 張金桐，〈唐代婦女及其地位〉，《寧夏社會科學》第 4 期，2006/07。

50. 劉振華，〈論唐代婦女風貌〉，《揚州大學學報》第 10 卷第 6 期，2006/11。

51. 宋德熹，〈唐代「風流」小考〉，《唐代文化、文學研究及教學國際研討會論文集》，逢甲大學唐代研究中心，2007。

52. 馮盈之，〈唐詩中的唐代女性服飾〉，《浙江紡織服裝職業技術學院學報》第 1 期，2007/03。

53. 趙曉玲，〈唐代女子「髮」、「飾」探究〉，《科技信息》，2007/08。

54. 白慧靜，〈從詩詞描寫中看唐代女性的服飾和審美心態〉，《山西高等學校社會科學學報》第 19 卷，2007/11。

55. 王巧玲，〈唐代婦女日常服飾與對外文化交流〉，《浙江萬理學院學報》第 21 卷，2008/01。

56. 王義芝，〈敦煌壁畫中婦女的插梳方式及美學內涵〉，《四川文物》2009 年 05 期，2009/07/05，頁 6～10。

57. 鍾靜芳、徐珮清，〈唐飾風格應用於現代飾品之開發設計〉，《美容科技學刊》9 卷 2 期，2012/06/01，頁 131～146。

58. 李媛，〈中國古代女子頭飾淺談〉，《神州（下旬刊）》，2012 年 06 期 2012/07/06，頁 58。

59. 高陽，〈敦煌壁畫中人物頭飾研究〉，《美術大觀》2012 年 10 期，
2012/07/10，頁 63。

60. 李騰，〈唐代婦女的頭飾〉，《劍南文學（經典閱讀）》2013 年 04 期，
2013/08/04，頁 97～97。

61. 謝宜君，〈傳唐畫〈簪花仕女圖〉衣著、配飾年代考〉，《議藝份子》29
期，2017/09/01，頁 1～15。

四、學位論文

1. 李少萍，〈唐代婦女妝飾考〉，臺北：中國文化大學史學研究所碩士論文，
2003。

2. 游琁安，〈唐詩婦女頭面妝飾研究〉，臺北縣：玄奘大學中國語文研究所
碩士論文，2004。

3. 洪子婷，《漢魏晉南北朝漢人髮式、頭飾之研究》，臺北：私立東吳大學
歷史學系碩士論文，2005。

4. 楊雅琪，〈從《全唐詩》看唐代婦女服飾〉，臺北：臺灣師範大學歷史學
研究所碩士論文，2006 年。

5. 黃士純，〈唐代繪畫中婦女造型與審美之研究〉，臺北：臺灣師範大學美
術系研究所碩士論文，2007。

6. 劉園園，《外來文化影響下的唐代女子頭飾及面飾研究》，中國：西安美
術學院碩士學位論文，2007。

7. 吳怡芬，《頂上風華——唐朝婦女髮式研究》，臺中：國立中興大學歷史
學系碩士學位論文，2008。

8. 蔡芯圲，《唐代「樹下人物」圖像研究》，臺北：國立臺灣師範大學美術
學系碩士學位論文，2009。

9. 吳依璇，《傳統中國、日本頭飾之材質、製作技術與劣化狀況》，雲林：
國立雲林科技大學文化資產維護系碩士學位論文，2010。

10. 姚榕華，《《長恨歌》與唐代宮廷文化生活研究》，中國：山東大學博士學
位碩文，2012。

11. 游麗雲，《唐代仕女妝容文化探微》，臺中：中興大學歷史學研究所碩士
論文，2013。